グローバル人材
その育成と教育革命
―日本の大学を変えた中嶋嶺雄の理念と情熱―

目　次

まえがきに代えて──中嶋嶺雄の年譜と中嶋研究会　　勝又美智雄 ……… 11

第1部　第1回公開フォーラムの概要

テーマ：「大学教育革命：グローバル人材の育成にどう取り組むべきか」
主　催：中嶋嶺雄研究会
後　援：桜美林大学・アジアユーラシア総合研究所
日　時：2017年11月25日（土）午後1時30分〜4時45分
場　所：桜美林大学四谷キャンパス（千駄ヶ谷）1階ホール

▶開会あいさつ　　　　　　　　　　　伊藤　努・中嶋研究会副会長 ……… 15
▶基調講演──「大学教育改革：中嶋嶺雄の目指したもの・遺したもの」
　　講師：勝又美智雄・国際教養大学名誉教授（中嶋研究会会長）……………… 17
▶大学現場からの報告と意見
　　①花澤聖子・神田外語大学教授 ……………………………………………… 31
　　②五島文雄・静岡県立大学教授 ……………………………………………… 39
　　③斎藤裕紀恵・早稲田大学・明治大学兼任講師 …………………………… 43
▶シンポジウム（座談会）──「大学改革とグローバル人材の育成を考える」
　　司会：勝又美智雄 ……………………………………………………………… 59
　　①荻上紘一・大学セミナーハウス理事長（元東京都立大学長）
　　②小野博・グローバル人材育成教育学会会長
　　③亀山郁夫・名古屋外国語大学学長（前東京外大学長）
　　④友野宏・新日鐵住金相談役（元同社社長）

▶閉会あいさつ　　　　　　　　　　伊藤・副会長＋中嶋洋子夫人 ……… 85

第 2 部　中嶋嶺雄著作選集（全 8 巻）出版記念について

　中嶋嶺雄著作選集の刊行に当たって　　　　編集委員会 ········ 87
　中嶋嶺雄著作選集の完結に当たって　　　　勝又美智雄 ········ 91
　完結出版記念会（2016 年 11 月 26 日）　各巻解説者による座談会 ············ 95

あとがき　　　川西重忠　アジア・ユーラシア総合研究所所長 ········ 117
編集後記　　　　　　　伊藤　努　時事総合研究所研究員 ········ 121

【登壇者の紹介】

■伊藤　努

　1953年神奈川県生まれ。東京外国語大学ドイツ語学科卒。1977年時事通信社に入社。外信部記者を経て、西ドイツ特派員、スイス特派員、バンコク特派員などを歴任。外信部専任部長、web編集部長、国際室編集部長を経て、現在は時事総合研究所で軍事情報の収集・分析などに従事。2007年から神戸大学大学院（国際文化学研究科）の非常勤講師として「メディアと異文化理解」をテーマに講義・演習を担当。

■勝又　美智雄

　1947年大分県生まれ。東京外国語大学英米語科卒。1972年から2004年まで日本経済新聞社に勤務。社会面の長期連載「サラリーマン」取材班で84年に菊池寛賞を受賞。ロサンゼルス支局長、国際第二部次長、編集委員などを歴任した。81年に米スタンフォード大学ジャーナリズム研究員。92年から01年まで東外大非常勤講師（留学生に日本事情を英語で講義）。

　04年、秋田の公立大学法人・国際教養大学の開学と同時に教授兼図書館長に就任。北米事情、日米関係論などを教え、16年春、定年退職した。13年秋に発足した「グローバル人材育成教育学会」の設立に関わり16年度まで副会長、17年度から理事。

■花澤　聖子

　　1982年東京外国語大学大学院地域研究研究科修了。神田外語大学教授（現代中国社会・文化研究）。主著に『中国近代政策転換の実態と動向―管理体制の改革を中心として―』国際善隣協会（共著）、『中国人と気分よくつきあう方法―外交官夫人が見た中国―』講談社、『これが言いたかった中国語の生活会話』白水社、『多文化社会日本の課題』明石書店（共著）、『知っておきたい　環太平洋社会の言葉と文化』神田外語大学出版局（共著）。

■五島　文雄

　　1952年東京都生まれ。東京外国語大学地域研究研究科アジア・太平洋コース修了（国際学修士）。1982年4月～2007年3月、大阪外国語大学外国語学部（現、大阪大学外国語学部）タイ・ベトナム語学科助手、講師、助教授、教授を歴任。2007年4月より静岡県立大学国際関係学部教授、現在に至る。専門は現代ベトナムの政治・経済（地域研究）。左記の専門分野以外に東南アジアをめぐる国際関係、アジア共産主義諸国の変容についても長年調査・研究をしてきた。

■斎藤　裕紀恵

　　コロンビア大学大学院日本校で英語教授法修士（TESOL）取得。現在はテンプル大学日本校で応用言語学博士課程在籍中。早稲田大学・明治大学で英語の授業を担当。取得資格は英語検定1級、TOEIC990点、国連英検特A級、通訳ガイド（英語）試験など。著書に『その英語では相手に失礼！ハートが伝わる英語力』（秀和システム）や英検3~5級合格用教材を多数。グローバル人材育成教育学会理事。国際教育研究所理事。

■荻上　紘一

1941年長野県生まれ。東京大学理学部卒。東京工業大学で理学博士。東京都立大教授から1999〜2003年都立大学長。公立大学協会会長。2003〜12年大学評価・学位授与機構教授。2012〜16年大妻女子大学長。16年大学セミナーハウス館長、17年同理事長。中央教育審議会委員、グローバル人材育成推進事業委員会委員、現代GP委員会委員長などを歴任。著書に『21世紀の数学：多様体』(1997)など。

■小野　博

1945年生まれ。1971年慶応大工学部修士課程修了、同大医学部耳鼻咽喉科助手、78年慶応大工学博士、80年同大医学博士。81年東京学芸大学助教授、90年大学入試センター教授、2000年メディア教育開発センター教授、09年放送大学・昭和大学客員教授、12年福岡大学客員教授。現在、昭和大学、西九州大学、中村学園大学の客員教授。日本リメディアル教育学会の創設者。13年グローバル人材育成教育学会を設立し、会長に就任。専門はコミュニケーション科学。大学生の基礎学力測定用の日本語・英語テストの開発、異文化対応力の測定法の開発研究に取り組んでいる。

■亀山　郁夫

1949年栃木県生まれ。東京外国語大学ロシア語学科卒。同大大学院修士課程を経て、77年東京大学大学院博士課程修了。天理大学、同志社大学で教え、90年から東外大助教授、教授、91〜2000年NHKテレビ「ロシア語会話」講師。05年東外大副学長兼付属図書館長、07〜13年学長。13年から名古屋外国語大学長。

『破滅のマヤコフスキー』(1998)で木村彰一賞、『磔の

ロシアースターリンと芸術家たち』(2002)で大佛次郎賞、ドストエフスキー『カラマーゾフの兄弟』の翻訳で毎日出版文化賞特別賞、『謎解き「悪霊」』(2012)で読売文化賞・研究翻訳賞。

■友野　宏

　1945年長野県生まれ。69年京都大学工学部卒。同大学院修士課程を修了し、71年住友金属工業入社。76〜78年スイス連邦工科大学に留学し、工学博士号を取得。87年から和歌山製鉄所で製鋼部門の工場長、技術室長を経て、93年から本社経営管理部長、経営企画部長などを歴任し96年に鹿島製鉄所副所長、98年取締役、常務、専務、副社長を経て、2005年代表取締役社長。12年、新日本製鉄と経営統合し、新日鐵住金の代表取締役社長になる。14年代表取締役副会長、16年から相談役。13年6月〜17年5月、日本経済団体連合会副会長。15年2月から日本工業標準調査会会長。

■濱本　良一

　1952年生まれ。東京外語大中国語科卒。讀賣新聞上海特派員、香港支局長、中国総局長（北京）などを歴任後、論説委員を務める。2007年、米カリフォルニア大学バークレー校ジャーナリズム大学院非常勤講師。2012年より国際教養大学教授。主著に『習近平の強権政治で中国はどこへ向かうのか』（ミネルヴァ書房、2014年）など。訳著に『銭其琛回顧録』（東洋書院、2006年）。

■名越　健郎

　1953年岡山県生まれ。東京外国語大学ロシア語科卒業。時事通信社入社。バンコク、モスクワ、ワシントン各支局を経て、外信部長、仙台支社長。2011年退社。拓殖大学海外事情研究所教授。国際教養大学特任教授。著書に『独裁者プーチン』（文春新書）など。

■曽根　康雄

　1961年東京都生まれ。東京外国語大学中国語学科卒。北九州市立大学大学院博士課程修了（学術博士）。野村総合研究所、同香港現地法人などを経て、2007年、日本大学経済学部准教授、現在、同教授。著書に『江沢民の中国経済』（日本経済新聞社、1996年）など、監訳書に『呉敬璉、経済革命への道』（NTT出版、2015年）

■渡邊　啓貴

　東京外国語大学大学院総合国際学研究院教授・国際関係研究所所長。1954年生まれ。東京外国語大学フランス語学科卒業、パリ第1大学大学院博士課程修了。日仏政治学会理事長、在仏日本国大使館公使、『Cahiers du Japon』『外交』編集委員長などを歴任。

　単著『ミッテラン時代のフランス』、『フランス現代史』、『ポスト帝国』、『米欧同盟の協調と対立』、『フランス文化外交戦略に学ぶ』、『シャルル・ドゴール』、『現代フランス』、他多数

■中嶋　聖雄

　香港生まれ。Ph.D.（社会学、カリフォルニア大学バークレー校、2007年）。ハワイ大学マノア校社会学部助教授を経て、2014年より早稲田大学アジア太平洋研究科准教授として、「アジアにおけるクリエイティブ産業」等の授業を担当。現在、現代中国映画産業に関する英文著書（『中国式の夢の工場：映画産業における制度変動、1978～2008』）を執筆中。

まえがきに代えて

中嶋嶺雄研究会会長　勝又 美智雄

　本書のベースとなる中嶋嶺雄研究会第1回フォーラムが開催されるいきさつについては、同研究会副会長の伊藤努氏が、フォーラムの開会あいさつで簡潔に述べている。そこでこの「まえがき」では、同研究会の母体となっている東京外国語大学・中嶋ゼミについて、一言ふれておきたい。

　1966（昭和41）年から1995（平成7）年春までの30年間に中嶋ゼミで学んだ仲間は270人近くになり、それぞれが恩師から薫陶を受けたことに感謝し、卒業後も「中嶋ゼミの会」をつくって、年に何回か会う機会を設けて親睦を深めてきた。その教え子たちにとって、2013年2月の先生の急死は全く予想もしなかった突然の悲報であり、大変な衝撃であった。

　そこでゼミOB有志が集まって同年5月に追悼集をまとめ、さらにそれを基にその後の関係者の追悼文を含めて『素顔の中嶋嶺雄』（新書版、2015年）として、中嶋嶺雄著作選集全8巻（1915～16）の特別付録の形で出版した。ハードカバーの選集も新書も、ともに桜美林大学北東アジア総合研究所（現アジア・ユーラシア総合研究所）から出版しているので、関心のある方はぜひ、手に取って読んでいただきたい。

　中嶋先生の業績については、本書を読んでいただければすぐにわかると思うので、ここでは彼の生涯を一覧できるよう、年譜の形で紹介しておきたい。あわせて中嶋嶺雄研究会の活動についても以下に示しておくので、関心のある方はぜひ、会長の私に連絡をいただきたい。いつでも大歓迎です。

　またこの研究会は活動期間を3年に限定した。それ以降は特に若い世代が（ゼミ生OBであるかないかは関係なく）中嶋嶺雄の遺した業績を再評価して、主体的に全く新しい装いで「新・中嶋研究会」を立ち上げていただければ、私としてはまさに本望であり、現実にそうなることを期待している。

中嶋嶺雄　年譜

1936（昭和11）年	5月11日　長野県松本市に生まれる
1955（昭和30）年	長野県松本深志高校卒
1960（昭和35）年	東京外国語大学中国科卒。(財) 世界経済研究所研究員となる
1964（昭和39）年	『現代中国論』（青木書店）刊
1965（昭和40）年	東大大学院社会学研究科修士課程修了。同博士課程に進学
1966（昭和41）年	東京外大助手に採用され、世界史、中国現代政治史を担当
1968（昭和43）年	東京外大専任講師で大学紛争の際、教授会代表委員となり、大衆団交を体験
1969（昭和44）年	外務省在外研究員として香港に1年半赴任
1977（昭和52）年	東京外大教授に昇進。オーストラリア国立大学現代中国センターに1年間招かれ、研究成果を『中ソ対立と現代』（学位論文）にまとめる
1987（昭和62）年	文部省科研費補助による3年間の「東アジア比較研究」代表者
1989（平成01）年	台湾との民間交流事業「アジア・オープンフォーラム」事務局長役を2000年まで務める
1992（平成4）年	米カリフォルニア大サンディエゴ校（UCSD）大学院で1年間講義
1995（平成7）年	東京外大学長に就任。大学改革、キャンパス移転、大学創立100周年記念事業を3大課題に掲げる
1998（平成10）年	国立大学協会副会長（〜2001）、文科省・中央教育審議会委員、アジア太平洋大学交流機構（UMAP）初代国際事務総長（〜2006)
2000（平成12）年	(財) 大学セミナーハウス理事長（〜2006）
2001（平成13）年	中央教育審議会委員（大学院部会長、外国語専門部会主査。〜2007）。東京外大学長退任
2002（平成14）年	秋田県の「国際系大学創設準備委員会」委員長に就任
2003（平成15）年	フジサンケイグループの「正論大賞」受賞

2004（平成16）年　公立大学法人・国際教養大学が開学。理事長・学長に就任
2006（平成18）年　安倍内閣・教育再生会議委員（〜 2008）
2008（平成20）年　社団法人・才能教育研究会会長（〜 2013）
2013（平成25）年　2月14日、入院先の秋田赤十字病院で肺炎のため死去。76歳。政府が従三位、瑞宝重光章を贈る。3月17日、国際教養大学で大学葬。同大図書館で「中嶋学長の軌跡」特別展（3月1日から14年3月末まで）。5月、中嶋ゼミの会編「歴史と未来」第28号を特別追悼集として発刊。5月18日、松本市で「お別れの会」（才能教育研究会・松本深志高校同窓会主催）。6月2日、東京ホテルオークラで「お別れの会」（中嶋ゼミ主催）。11月、秋田県文化功労者に選ばれる
2014（平成26）年　4月、国際教養大学図書館に中嶋文庫を常設。11月、国際教養大学10周年記念事業で「中嶋記念図書館」と命名、館内に同窓会、保護者会が寄贈した胸像を設置。中嶋ゼミの会が「中嶋嶺雄著作目録（簡略版）」を発刊
2015（平成27）年　4月、「中嶋嶺雄著作選集」（全8巻）刊行開始（16年11月完結）。7月、中嶋ゼミの会編『追想録・素顔の中嶋嶺雄』刊
2017（平成29）年　6月、中嶋嶺雄研究会発足

中嶋嶺雄研究会について

　東京外大「中嶋ゼミの会」を母体として、2017年6月「中嶋嶺雄研究会」が発足した。中嶋先生（1936 〜 2013）の学者・教育者・大学経営者としての業績を顕彰するだけでなく、その学問研究の継承と発展、さらに中嶋本人を学問的な研究対象として、さまざまな角度からとらえ直す場を設けて、2020年までの3年をメドに活動する。年に2〜3回の公開フォーラムを開催、その成果をWeb上で発信し、合わせて出版物として公刊する。

　なお、「ゼミの会」自体は先生の亡くなられた後も毎年、先生の誕生日（5月11日）後の土曜日に東京都内で総会を開催することにして、その日には研

究会も同時開催する予定。ゼミ会員は全員、研究会の会員とするが、ゼミ会員以外でも、研究会の趣旨に賛同する者、研究会活動への参加・出席を希望する者は広く受け入れる。研究会員の会費は無料とする。

　研究会の活動については、「著作選集」編集委員8人を幹事団とし、事務局員5人とで協議する。研究会事務所は、会長を務める勝又美智雄の自宅に置く。連絡先は以下の通り。

　　　　　〒120-0011　東京都足立区中央本町2-14-17-207
　　　　　E-Mail：katsumatamichio@gmail.com
　　　　　携　帯：090-4595-8867

公開フォーラムの開催状況
　(会場は東京・千駄ヶ谷の桜美林大学キャンパスのホール)
　第1回　2017年11月25日(土)
　　「大学教育革命：グローバル人材をどう育成するか」
　第2回　2018年3月17日(土)
　　「緊迫する朝鮮半島情勢と習近平・中国の行方」
　第3回　2018年5月12日(土)
　　「一帯一路と中央アジア：ユーラシアの地政学」
　第4回　2018年11月10日(土)
　　「三つの中国」(予定)

中嶋嶺雄研究会第 1 回公開フォーラムの開会あいさつ

伊藤　努

　会場にお集まりの皆さま、本日はお忙しいところ、私たちの恩師である中嶋嶺雄先生の名前を冠した研究会の第 1 回公開フォーラムにご参加いただき感謝申し上げます。今回のフォーラムを主催する側を代表しまして簡単に開会のあいさつをさせていただきます。

　時事総合研究所の伊藤です。私は東京外国語大学の国際関係論ゼミであります、通称「中嶋ゼミ」を 1977 年 3 月に卒業。その後、過去 40 年にわたり報道機関に在籍し、国際ニュース報道に従事してきました。

　中嶋ゼミには、中嶋嶺雄先生を中心としたゼミ同窓による「中嶋ゼミの会」という親睦組織があり、多くの教え子が卒業後も先生とは公私ともに密なお付き合いをさせていただいたのですが、先生が母校でもある東京外国語大学の学長を退任され、秋田県に新設された国際教養大学（AIU）の理事長兼学長として引き続きご活躍されてきたのは皆さまもご存じの通りです。

　その恩師が多年にわたる激務もあってか、2013 年 2 月に急逝され、ご家族をはじめ、私ども教え子たちも大変な驚きと深い悲しみをもって、先生のご他界を受け止めた次第です。

　「中嶋ゼミの会」有志による教え子の賛同もありまして、中嶋先生の思い出や在りし日を偲ぶ「追悼集」を編集・刊行し、都内のホテルなどで行われた「先生のお別れ会」の場を利用して参会者にお配りしたのに加え、その後は、先生の長年にわたる学問上の業績やジャーナリズム向けに発表された多数の論文、刊行物を後世に残すための著作目録の編集および著作選集の編集・刊行の取り組みを精力的に進めてきました。

　中嶋先生は生前、119 冊に上る書籍や翻訳書を刊行したほか、著作目録に収容した刊行物・論文などは 500 件を上回ります。「中嶋ゼミの会」では、教え子の大学研究者を中心に編集委員会をつくり、膨大な量の先生の著作物を選

集として後世に残すため、著作選集全8巻の編集・刊行を終えた次第です。

　教え子にとって大きな仕事だった著作選集全8巻の刊行を、2017年の先生の3回忌の節目の年に終えたのを受け、「中嶋ゼミの会」の有志で、恩師の教えを今後に生かしていくための研究・親睦組織「中嶋嶺雄研究会」を新たに立ち上げることを決めました。

　ご存知の通り、現代中国論、国際関係論、国際社会学などの分野でパイオニア的な業績を残された「学者の顔」、ゼミを30年間指導した「大学教師の顔」、東京外国語大学の学長としての学内改革、全く新しいビジョンに基づく秋田の国際教養大学の開学と新しい大学づくりへの取り組みなど「大学経営者（大学人）の顔」、そして音楽・絵画など芸術を愛する「文化人の顔」。このように、多方面で活躍された中嶋先生は私どもにとっても偉大な恩師でした。

　そうした恩師の薫陶を受けた者として、先生亡き後も引き続き、ゼミナールの仲間と研鑽を重ね、その成果を世に積極的に問おうという志を秘めて、「中嶋嶺雄研究会」を立ち上げた次第です。

　先生はさまざまな顔をお持ちで、今回は大学人として晩年に特に積極的に取り組まれたグローバル人材育成のことをテーマに、長く中嶋先生の右腕的存在でもあった勝又美智雄会長（英米語学科卒）をはじめ、その分野でご活躍の先生方に議論していただきます。皆さまのご参考になると思われますので、よろしく最後まで積極的にフォーラムにご参加ください。

　最後に、「中嶋ゼミの会」と著作選集刊行などで緊密な連携を深めた桜美林大学のアジア・ユーラシア総合研究所および研究所所長の川西重忠先生にも厚くお礼申し上げます。

> 公開フォーラムの基調講演

大学教育改革
──中嶋嶺雄(1936〜2013)の目指したもの・遺したもの──

　皆さん、よくいらっしゃいました。勝又です。この会場のホールを持っている桜美林大学からは80人でいっぱいになるからそれ以上は無理だと言われていたのですが、どうやら70人以上の人が来てくれて、主催者として嬉しい限りです。ありがとうございます。

　今、伊藤副会長が説明してくれたようないきさつで中嶋研究会を立ち上げ、その第1回フォーラムのテーマを、私が著作選集第7巻でまとめた「大学教育改革」にしました。今日のフォーラムの全体の流れ、登壇者のプロフィル、基調講演の要旨などはすべてお手元に配布した資料集に入っていますので、それを参照してください（以下の＊＊＊で挟まれた部分）。

＊＊＊＊＊＊＊＊＊＊＊＊＊＊＊＊＊＊＊＊＊＊＊＊＊＊＊＊＊＊＊

　はじめに：中嶋は職業人として自分の使命にした3役（学者・教育者・経営者）のすべてで「一流」であった
1．**研究者として**（1960〜）：28歳の『現代中国論』以来、最期まで中国研究の第一人者
　　＊現場検証に基づく緻密な分析と、歴史的な流れに位置づける構想力
　　＊実証的な自説（仮説）への自信と、通説・常識・「官許知識人」への果敢な挑戦
2．**教育者として**（1966〜95）：個性の尊重・世界に開かれた目と心を養うことを目指す
　　＊事実を重んじ、地域研究で現場を踏んで考えることの重要性を教える
　　＊ゼミ指導：それぞれの学生の個性、特性を何よりも尊重し、伸ばすように促す
3．**経営者として**（1995〜2013）：「知の鎖国」状態への危機感から「開

国」の提唱と実践
　　　　＊東京外大の学長（1995〜2001）として大学改革に取り組む
　　　　＊教員たちの「公務員気質＝既得権益にしがみつく」言動に悪戦苦闘
４．国際教養大学での挑戦と実験（2002〜213）：ほとんどが日本初
　　　　＊秋田県が出資するが、公設民営の公立大学法人第１号
　　　　＊「国際的に活躍できる人材」＝「グローバル人材」の育成を目指す
　　　　＊教員は世界中から公募し、３年任期制・年俸制
　　　　＊教員と職員は上下関係ではなく同格の「車の両輪」
　　　　＊国際水準の制度設計：年２期制で９月入学も。３年で卒業も可能
　　　　　各科目のレベルは世界標準コードで明示
　　　　　授業はすべて英語で教える。数学と物理・化学は必修
　　　　　１年の留学を義務付ける
　　　　　成績評価を厳格にし、学生による授業評価も教員の業績評価に反映
　　　　　「日本」研究を重視：学生に日本人としての Identity を自覚させる
　　おわりに：中嶋の遺産を継承し、発展させるのは私たちの任務
　　　　「グローバル人材」＝どこに居ても自分の仕事を世界的に競争力のある「一流・一級」のものに育て、世界に発信できる人＝ Glocal（Global+Local）に活躍できる「地球市民」

＊＊＊＊＊＊＊＊＊＊＊＊＊＊＊＊＊＊＊＊＊＊＊＊＊＊＊＊＊＊＊

　ただし、時間が40分と限られていますので、このレジュメの中で特に強調したいことに絞ってお話しします。
　まず最初に、中嶋嶺雄は職業人として自分の使命にした３つの役割（学者・教育者・経営者）のすべてで「一流」であったと私は考えています。この場合の「一流」と言うのは、従来通り、慣例通りにやることに満足せず、一番優れたものを目指す、ということです。これまで誰もやっていないことに挑戦する、ということです。
　もちろん学者・研究者として「一流」と言われる人はたくさんいます。教育者として極めて優れた人もたくさんいます。また大学を経営する責任者、オーガナイザーとして「一流」と言われる人もたくさんいます。だがその３分野

でそろって際立って優れた人、というのは極めて少ないのではないか。歴史を遡れば、戦前にそういう人物がいたかもしれませんが、戦後70年を振り返ってみて、少なくとも私の知る限り、3拍子揃って「一流」、という点では中嶋嶺雄が傑出していたし、今でも彼を超える人はなかなかいないのではないかと思っています。

　教育者の場合、前任者のやることを引き継いで大過なく、滞りなくやれば済む、というのは実は教育ではあり得ない。自分の全身全霊をぶち込んで学生に向かい合い、私の授業ではこういう学生を育てたい、こういうことを学んでほしい、と情熱を傾けて語り、それを自ら実践することがとても大事だろうと思うのです。中嶋はまさにこれに徹していました。

　また研究者としては、先人の残した業績を受け入れ、フォローするだけでは不十分で、それに新しい発見を出していかなければならない。その点、中嶋は現代中国研究という分野の専門家を志し、終生、中国研究者であることに徹して、その中で優れた業績を上げてきました。

研究者生命を賭けて大胆に新説を提示する

　とりわけ中嶋が研究者を志した1960年代は、毛沢東率いる中国のダイナミックな動きに学界でも感動し、支持する人たちが大多数でした。毛沢東の政策に対する疑問などほとんど出ないし、むしろ積極的に弁護する人たちが大半でした。その時に彼は現地を見て回り、現地の人たちの話を聞き、壁新聞などを読んでいく中で、日本人の多くが持っている中国イメージは間違っているのではないかと考えて、入念に調査した結果、自分なりの新しい中国像を大胆に出していった。

　特に60年代半ばから70年代前半にかけての文化大革命に対する評価で、東大や早稲田大の教授たち専門家の間で毛沢東を礼賛する声が支配的だった中で、彼は自分の学者生命を賭けて、「文化大革命は毛沢東が共産党内の権力闘争の手段として展開した大衆運動だった」と論陣を張った。それが後に中嶋の主張が最も正しかった、と評価されるのですが、当時の大手マスコミも論壇も「毛沢東万歳」派が主流を占めていたので、雑誌の座談会などではほぼ常に少数意見・異説を唱える人として登場し、批判にさらされることが多かった。だ

が彼は論争では絶対に妥協しなかった。だから論敵がたくさんいたし、論争で対立することも多かったわけです。

そこで中嶋の際立った特徴として、論争相手のほとんどが年長者であり、その先輩たちに対して礼を尽くして丁寧に、敬意を払って接していたことが挙げられます。研究者として、お互いの研究成果がどれだけ妥当かを議論するのであって、相手の人間性、人格を批判するのではない、という姿勢で一貫していました。これは案外と言うか、すごく難しいことです。私たちは普通、自分と意見が合う人は素直に尊敬し、自分と合わない人に対しては「このバカ」と内心で反発するもので、それが態度にも出てしまいますが、中嶋は決してそんなことはなかった。若くして早くから、それだけ成熟した人間観を持っていた、ということです。

学生一人一人の個性を尊重する教育指導

さて中嶋は教育者として、1966年から東京外大で世界史や国際関係論を教え、95年に東京外大学長になって演習や卒論ゼミを持たなくなるまで、丸30年間でゼミ生を270人くらい指導しました。教え子は現在、1期生の最年長が75歳くらい、最年少が45歳くらいです。今日もゼミ生が約20人来てくれていて、1期生も2人、遠くから駆けつけてくれています。

2013年に先生が亡くなった時、教え子たち40人以上が賛同して追悼集をつくり、故郷の長野県松本市で開催された「偲ぶ会」と、東京のホテルオークラで中嶋ゼミが主宰した「偲ぶ会」で配布しました。その追悼集にさらにゼミ生や外部の人たちの追想録を加えて、著作選集の付録のような形で『素顔の中嶋嶺雄』と題する新書版を出版しました。それを読んでいただけると十分わかると思いますが、先生の教師としての指導の仕方として「黙って私の言うことを聞け」という押し付けは全くなかった。教え子一人一人の個性、特徴を伸ばすにはどうすればいいかを常に考えて「君はこうしたらいいのではないか」と助言するやり方でした。

その学生指導、論文指導の成果として『歴史と未来』という大仰なタイトルのゼミ誌を1968年からほぼ毎年、先生の発案で出版した。それも当時、ゼミ誌と言えば、せいぜいガリ版刷りの冊子がほとんどだった時に、わざわざ活版

印刷にして、書店でも売れるような質の高いものを目指してつくった。それが30年間で27冊になりました。そして先生が亡くなった時に出した追悼集が『歴史と未来』第28号だったわけです。

　ところで、そのころの大学教師のあり方を振り返って見ますと、ほとんどの教師は自分の研究分野の専門家を目指して、研究者として生きていくことに最大の価値を置いていたと思います。つまり世の中に何が起きようと、世界がどう変わろうと、自分の学問研究にはあまり関係ない、と無関心でいられた。そこで、自分の学者としてのエネルギー配分は研究に8割、教育に2割くらいではなかったかと思います。そこでの教師の自己イメージというのは、自分は研究に専念していればいい、学生は私の背中を見て、学者とはこういう人なのだと分かってくれればいい、という姿勢でした。

　ところが、戦後30年以上経つと、少子化が進む一方、大学進学率がどんどん高くなって、今では18歳人口が120万人でその55％が大学に進学し、大学もたくさんでき、毎年60万人が大学生になる。つまり戦後のベビーブーム世代が毎年250万人のうちの十数％が大学に進学していたころに比べて、大学生の数が倍増してきた。すると、最近では大学1年生で中学1～3年生程度の英語力、日本語力しかない学生が3割もいるようになった。こうした大学の授業にまともについてこれない学生をどうするか、彼らに改めて日本語、英語、数学（と言うよりも算数）などの基礎学力をつけさせなければならない、というリメディアル教育が必要になってきた。そういう状況の中で、日本の大学はこのままでいいのか、日本の大学に果たして国際競争力があるのか、が深刻に問われるようになってきた。そういう大学の「大衆化」の流れの中で、中嶋は東京外大の学長になったわけです。

国際競争力のある大学づくりを目指して

　実際、この20年ほど、いろいろなところで大学の国際競争力が問われるようになってきましたが、最近この15年くらい、世界の大学ランキングでも日本の大学に対する国際的な評価はかなり低い、というか、年々落ちている。それにもかかわらず、教育内容を改革しようという機運はほとんど生まれてこなかった。教師は10年一日の如く、同じ講義を繰り返すだけで良しとしてい

る。それを他の教師は一切口を挟めないことになっている。科目ごとに縦割りの閉鎖的な教育体制、つまり丸山眞男がかつて指摘したように、それぞれの教師が「タコつぼ型」の体制に入ったまま、そこから出て行こうとしない。このままでは日本の大学はダメになってしまう、朽ち果てるしかないのではないか、という危機感を中嶋は強く持っていたわけです。

　そのころ、日本での教員生活が長い米国人学者、アイヴァン・ホールが『知の鎖国』(1998)という本を書いて、日本の大学の閉鎖性を「クローズド・ショップ」と名付けて厳しく批判した。つまり日本の大学は学生の受け入れ態勢も、教員の採用や昇進などの人事政策も、教育内容、カリキュラムも、実はすべてまだ日本だけでしか通用しない方式にとらわれていて「鎖国」状態を抜け出ていない、と断じたわけです。それを「開国」しなければ日本の大学の国際競争力など育ちはしないと厳しく批判した。中嶋もまた早くからそういう問題意識を持っていたので、まさに「わが意を得たり」と受け止めていたわけです。

「知の鎖国」を打破するために

　そこで彼が東京外大の学長になって第一に掲げたのが、大学の「開国」を目指した「国際化」でした。

　日本の歴史を振り返ってみても、幕末から明治維新に至る時期には尊王攘夷の「鎖国」から「開国」へと移ったわけですが、それが日本の近代化を実現させた。つまり開国によって西洋の進んだ技術、科学技術文明を早急に取り入れて、日本の近代化を果たすことが国是でした。

　それが第二次大戦後はアメリカの民主主義制度を取り入れることで「民主化」を果たすことが国是になった。戦後半世紀、日本の教育制度は全国津々浦々、どこにいても平等に教育が受けられる。どこでも同じレベルの教育が受けられるということは、一面では教育の機会均等を保障することで大変優れた成果を上げてきたわけですが、半面、その「民主化」イコール「平等化」という名の下に「全国一律」の画一主義的な教育を促してきたと言えます。

　しかし誰でもすぐに分かる通り、児童生徒は一人ひとり能力に違いがあるし、興味も違う。とりわけ大学は学生一人ひとりの個性を尊重し、それぞれの

希望、意欲、能力に合った形で教育すべきではないか。そのためには全国の大学が皆同じような教育をするのはおかしいのであって、それぞれの大学が自分の大学のレーゾン・デートル（存在理由＝意義）が何かを考え、うちの大学はこういう個性的な大学にするから、それを求める学生に来てほしい、ということを明確に打ち出さなければならない。東京外語大はそういう、「国際化」と「個性化」を最重点に、本当に国際的に活躍できる人材を育成すべきだ――。中嶋はまさにそういう問題意識を強く持っていたわけです。

東京外語大は全国でもレベルの高い大学ですが、内部はやはり閉鎖的で、教師たちは自分の学科のことしか関心がなく、他の学科のこと、大学全体の方向性についてはあまり関心がない。そのため学長在任中の6年間、「国際化」と「個性化」を柱にした大学改革に取り組んだけれど、残念ながら、志半ばにして退任した。

そして2001年、秋田県が新しい国際系の大学をつくるから学長を引き受けてほしい、という話があった。そこで中嶋は、東京外大で果たせなかった「理想的な大学づくり」の夢を全面展開しよう、と引き受けたわけです。そこで丸2年かけて、設立準備委員会で、理想的な大学に必要なキャンパスのあり方、施設も教員も学生も教育内容も、すべてどんな中身であるべきなのかを原点から考えていこう、と議論しました。

教員は世界中から公募

そのとき、まず考えたのは、日本人教師が日本人学生に日本語で世界の事情や世界最先端のことを教えるという「日本の大学の通念・常識」には従わない、ということでした。日本の大学でも、今や世界共通語になっている英語で教えれば、日本語のできない留学生もすぐに自由に学べる。この大学では政治経済も数学も物理も音楽も、すべて英語で教える。その際、日本人教師が「今日は日本人学生ばかりだから日本語でやろう」などと言ってはいけない。「看板に偽りあり」にならないよう、決して妥協せず、原則を徹底しようと決めたわけです。

授業を英語でやるので教員も当然、日本人である必要がないから、世界中から広く公募すればいい、となります。日本の大学の教員人事はこれまで、そし

ておそらく今も、公募制を取るところはほとんどない。形式的に公募の形を取っていても、実際は有力教授、理事、学長が教え子を採用し、配下に置くという情実人事が普通でした。それを打破するために、国際教養大学ではまず米国の大学教職員のリクルート雑誌「クロニクル・フォー・ハイヤーエデュケーション」に募集案内を出した。同誌のホームページにも掲載されましたから、開学時点の想定で30人公募したら、実に世界中から700人近い応募があった。それを書類選考で70人に絞って、東京で面接するから自費で来てください、ただしこれはあくまでも選考のためであって、面接したら即採用とするわけではありません、と伝えた。その結果、60人が面接に来て、その半分の30人を採用することに決めた。こうした方法は日本では初めてのことです。

国際基準に見合うカリキュラムづくり

　それから教育内容も、アメリカで優れた教養教育をしている大学のカリキュラムをいくつも取り寄せて、それらを参考にしながら、国際基準に見合う、わが校独自のカリキュラムをつくった。つまり、各科目の教育内容を100番台から400番台と分け、100番台は1年生の基礎教育向け、200番台は2年生向けの教養教育、300～400番台は3、4年生向けの専門教育として、教材はこういうものを使ってここまで詳しく深くやる、というように全部、シラバスに明記した。当時、日本の大学で、そこまでやっているのは一部の開明的な教員だけで、大学全体で徹底してやっているというところは私の知る限り、ほとんどなかった。

　それがちょうど文部科学省が大学改革に本格的に取り組み始めたのと時期を同じくするわけです。小泉内閣で文科大臣だった遠山敦子さんが「遠山プラン」（2001～03）をつくって大学改革案をまとめた。その中で、これまでは「内向き」に全国一律に画一的な教育をすればよかったが、これからの国際化時代はそれではいけない、「画一と受け身」から「自立と創造」へと向かわなければいけない、として大学のあり方についても「個性化と多様化」の方針を出してきた。2004年からの国立大学の法人化もその一環です。そこで文科省としても中嶋先生のつくる大学を改革のモデルケースにしたいと考えた。中嶋は国立大学協会の副会長も務めて、かねて文科省の信頼も厚かったですから、

「先生のところでぜひやってください」と期待した。それでカリキュラムも人事制度も全部新しくつくっていったわけです。職員の公募制もそうです。それまでの大学改革と言えば、ほとんどが他の大学の成功例を見てやっていたのですが、うちの大学は前例がないからやりましょう、他でやっていないから意義がある、と大胆につくっていったわけです。

　学生募集の手法もそうです。開学の時に定員100人だったので、受験生を集めるためには高校を100校訪問しましょう、と私が職員たちに言った。「エーッ」と驚いた職員は県庁からの派遣ですから、すぐに調べて「先生、国公立大学で受験生集めに高校を訪問している例はありません」と反対してきた。そこで私は「うちは公立大学ではない、公立大学法人という独立行政法人なのだから、私学と同じです。学長が理事長で、その理事長が経営責任者として判断することに従ってほしい。いい学生を集めるのに最善の努力、工夫をすべきです」と言って、実行させた。私自身、元新聞記者ですから、他の国公立大学がやっていないことをすれば、マスコミの話題になるという計算もありました。その結果、全く評価のない新しい大学なのに受験生が2400人来た。

　これには開学に最後まで抵抗していた県議会議員たちが驚いたようです。秋田の高校生たちは大体、東京に進学したがるのが実態でしたから、「こんな田舎に国際的な大学などつくっても、全国から受験生が来るわけない」と冷ややかに見ていた。とりわけ大学設置を決めた知事に反対する議員たちは「開学して受験生が集まらなかったら、知事に責任を取らせる」などと言っていたようですが、受験生が全国から殺到し、大学の評価がわずか数年で全国でもトップクラス、教育力では全国一、他の指標でも大体全国の800大学のうちトップ20位には必ず入るようになってくると、反知事派だった議員たちが「県民のカネでつくった大学なのに、レベルが高くて、秋田の高校生が入りたくても入れないのは問題だ」と文句を言う。政治家の「ああ言えばこう言う」の典型みたいなものです。

4年で卒業するのが5割だが、3年でも卒業できる

　さて、もう一つ、国際教養大学では全員に1年留学を義務付けていますが、その結果、県議会でも県庁内でも、4年で卒業するのが半分しかいないのは問

題だ、といまだに問題視しています。中嶋の後任の今の学長も、県庁幹部に言われるままにうなずいて、学内の幹部会議で「4年で卒業する割合を増やすには、どうしたらいいでしょうか」と話題にしたことがあります。

　私は驚いて、「全国の一流大学で1年留学して4年で卒業している学生が何％いるのか調べてほしい。おそらく1割以下ではないか。うちはそれが5割もいることを誇るべきです。4年半で卒業するのが2割、5年で卒業するのが2割で、彼らは卒業単位はほとんど取れているのだけれど、留学から帰国するのが4年生の夏とか冬で、就職活動時期が終わっているから、やむなく翌年春の就活時期まで待っているのが実情です。卒業に必要な124単位を取れなくて留年しているのは実際は1割に満たない」と説明しました。

　もっと言うと、国際教養大では成績優秀で3年、3年半で卒業する学生が年々増えています。「そんなことができるんですか」「文科省に文句を言われませんか」と驚く人が多いのですが、それも中嶋が開学前に文科省と入念に協議して合意したもので、文科省からも「前例のないパイロット・プログラムとしてぜひ試みていただきたい」と勧められたものです。それを学則にも明記しています。

　それを知って、早く卒業したいから、と志望してくる受験生も増えています。実際に3年、3年半で卒業する学生が毎年数人いて、その何人かを知っていますが、個人的に聞いてみると、片親が亡くなっていたり、離婚したりで、家計の苦しい家庭の子が多い。だから早く卒業して親を楽にさせたい、という親孝行の子たちで、私は実に嬉しい話だと思っています。

　そういうことができるのも、うちの学生は1年の時から英語の資料を大量に読み慣れ、英語で大量のペーパーを書き、パワーポイントを使ってうまくプレゼンもできるようにしっかりとトレーニングされているからです。他の大学ではそこまでの訓練をしていないから、留学しても、まず初めの半年は授業についていけず、ほとんど単位が取れないで、1年でせいぜい10単位取るのがやっと、という学生が多いです。それに対して、うちの学生は1年間の留学で平均27単位取ってくる。私がアドバイザーをしていた女子学生は、レベルの高いオーストラリア国立大学で50単位も取ってきた。私も驚いて聞いたら、勉強が面白くてたまらず、夏休みも冬休みも特別の集中講義科目をいくつ

も受講して、旅行などもせずに、ひたすら勉強していたという。そうした、いろいろなやり方をする学生がいていいし、自由に自分の能力を伸ばす環境をつくることこそ、中嶋の目指した大学でした。

ビジョンと信念

中嶋学長は、こういう大学をつくれば、国際的に活躍できる人材が育つという明確なビジョンを掲げて、しかも自分に課したミッション（使命）として、まさに「歩く広告塔」として活躍し続けました。その間、専門の中国問題でも精力的に論文を書き、テレビなどメディアにも頻繁に登場してコメントをする。その発信力が突出していたので、受験生の志願理由に「学長が魅力的だから」という項目では全国の大学でも断トツのトップを記録していました。

さらに中嶋は台湾の元総統の李登輝さんと早くから無二の親友になる。そして台湾と日本の指導者たちを集めてアジア・オープンフォーラムをつくって事務局長役を務め、毎年、日本と台湾の交流事業を進める。北京政府に気を遣って台湾とは外交関係を断っている外務省からは「とんでもない、許せない」と嫌われる。だが、中嶋は気にしない。「台湾との関係を大事にすることが、本来の日本の進むべき方向なのだから」という信念を持った人でした。

日本一の図書館

国際教養大学の図書館もまた、彼の努力と理想の結晶でした。先生は早くから図書館を「大学の知のシンボル」と意義付けて重要視していました。今の図書館は東京工大名誉教授の仙田満先生が設計したもので、2008年春に完成しました。周囲の森と緑の環境にマッチした、秋田杉をふんだんに使った木造で、中嶋学長と仙田先生の思いがピタリと合ったものです。内外のデザイン賞をいくつも受賞しています。それは単に建物が立派というだけではない、その使い勝手がいい、長時間いても疲れないし、周囲に煩わされることなく安心して勉強できる環境になっている。

この図書館は、私がいた2年前には「日本一美しい図書館」という図録の表紙を飾り、新聞の「日本一行って見たい図書館」で断トツのトップに挙げられたりした。私は開学以来12年間、この図書館長でした。その在任期間は全

国の大学でも最長だと思うし、「日本一の図書館をつくった」ことが誇りでした。これからは「日本一の大学」をつくらなければならない、と思っていましたが、定年で辞めました。

「国際教養」と日本人としてのアイデンティティ

　さて、そういうキャンパスで我々が最初に明確な目標として掲げたのが「国際的に活躍できる人材を育てる」ことでした。当時はまだ「グローバル人材」という言葉がまだ知られていなかったのですが、今では国際教養大学が「グローバル人材育成のモデル校」とされるようになりました。その「国際教養」という言葉も実は中嶋が作り出したものです。新しい大学の名前をどうするか、設立準備委員会でも１年半くらいかけて議論しました。候補としては簡単に「秋田国際大学」にするか、それとも「国際○○大学」にして、どんな言葉を入れるか、いろいろと検討しました。だが、都道府県名を頭にかぶせた国際大学で、これまで成功しているところはほとんどない。むしろ、「国際○○」に大学の建学精神、理念を盛り込みたい、ということから、2003年秋、先生が夜中に私に電話してきて「国際教養、でどうだろう」と言ってきました。普通名詞ではない、聞き慣れない新しい言葉ですが、先生が常日頃「教養」を強調していたのが端的に出ていて、賛成しました。そして公表したのです。その２週間後くらいに早稲田大学が新しい国際教養学部をつくる、と発表し、その後、全国で次々に国際教養学部、国際教養学科が誕生して、今では全国で20大学くらいになるでしょうね。今や普通名詞としてすっかり定着した感がありますが、その先鞭をつけたのが中嶋でした。

　では、なぜ「国際教養」なのか、なぜ「教養＝リベラル・アーツ」が重要なのか、という話ですが、「国際的に活躍できる」ためには絶対に「教養」がなければダメだ、という思いから来ています。その「教養」とは単なる断片的な知識の集合ではない。早押しクイズなどですぐに「ピンポーン」と正解を当てられる雑学王の物知りが「教養がある」のではなくて、何より自分が日本人として生まれ育った以上、日本の歴史、地理、文化を自分のアイデンティティの拠り所として理解し、その意味を考え、外国人に誇りを持って日本の良さを語れなければならない。それが本当の「教養」であり、「国際的に活躍する日本

人」の基本だろうと確信していたからです。

　そこで国際教養大学では英語で日本の歴史、文化をキチンと教えることに重点を置いてきました。外国からの留学生には日本語をしっかりと教え、同時に日本文化を理解してもらうし、日本人学生には英語で日本が語れるようになってもらうことを期待しています。規模の小さい大学なのに日本語教育、日本研究の教員が多いのもそのためです。

　それがなぜ重要なのかと言うと、うちの学生がどこの国に留学しても、必ずと言っていいほどショックを受けるのが、現地でできた友人たちから、日本がどういう国なのか、日本の優れた点は何なのか、天皇の退位とはどういう意味か、自衛隊が軍隊ではないというのはなぜか、などを聞かれて、きちんと答えられないことです。"I don't know."とか"I have no idea."と言うだけなら、まず間違いなく「自分の国のことも知らないのか」と思われて、誰からも尊敬も信頼もされない。それを痛感するから、帰国後、ほぼ全員が「日本のことをもっと勉強すべきだった」「悔しい思いをして、図書館で必死に日本のことをいろいろ調べた」と語っています。

　えーっと、もう時間になりました。まだ途中ですが、これで私の話を終えて、現場報告に移らせてもらいます。私の話の続きはこの後の座談会でも議論したいと思います。ありがとうございました。

グローバル人材育成のための神田外語大学の取り組みと授業における取り組み

神田外語大学教授　花澤聖子

　ただ今ご紹介に預かりました神田外語大学の花澤と申します。どうぞ宜しくお願い致します。本日は、「グローバル人材育成のための神田外語大学の取り組みと授業における取り組み」というテーマでお話しさせて頂きたいと思います。

　神田外語大学は今年で建学三十周年を迎える大学で、専攻語として英語、中国語、韓国語、スペイン語、ブラジル・ポルトガル語、インドネシア語、タイ語、ベトナム語の8カ国語を学ぶことができます。選択外国語としては専攻語に挙げた8言語に加えてイタリア語、フランス語、ドイツ語、ロシア語の13言語を学ぶことができます。「言葉は世界をつなぐ平和の礎」は本学の建学の理念を表しています。

　平成24年に文科省より「経済社会の発展を牽引するグローバル人材育成支援」事業（旧「グローバル人材育成推進事業」）の採択を受けまして、この4年間グローバル人材育成事業に取り組んで参りました。

　グローバル人材育成事業に取り組むに当たって、本学では、建学の精神、教育目標、教育の特色を踏まえて、グローバル人材について以下のように定義致しました。少々長いのですが、「高度の外国語（地域言語及び英語）運用能力を有し、わが国の伝統と文化を究明し、諸外国の文化を理解し、国際社会の一員として世界平和に貢献し得る、幅広くかつ能動的コミュニケーション力を備えた自立した真の国際人」、このように定義致しました。

　以上の定義を踏まえ、本学では、学生が卒業するまでに身に付けるべき具体的な資質・能力を以下の7項目にまとめました。

1. 本学の外国語力スタンダードを満たす、高度の外国語運用能力
2. 自己の意見を適切に表現できるコミュニケーション能力

3. 他国の伝統・文化を尊重する世界観・歴史観、および自国の伝統に基づく深い文化観
4. 探究心にあふれ、新しい価値観を創造し得る幅広い教養
5. 冷静に将来を洞察する力
6. 自立的・主体的・能動的に行動できる力
7. たくましさと品格を備え、さらに人の心の痛みを思う豊かな心

今、画面（図1）でご覧頂いておりますのが、神田外語大学が描くグローバル人材育成イメージ図です。真ん中に七つの項目として学生が身に付けるべき資質と能力がコンパクトに書かれております。

中嶋嶺雄著作選集第7巻の第1章第2章には、中嶋先生がお考えになるグローバル人材のもつべき資質・能力が示されており、キーワードとしては実践的な語学力、コミュニケーション能力、リベラルアーツ、柔軟な適応力、発信力、向上心、創造力、地球的規模でものを考える公共性が挙げられますが、それらにつきまして、以上の7つの項目の中にかなり含まれた形で表現されているのではないかと思います。

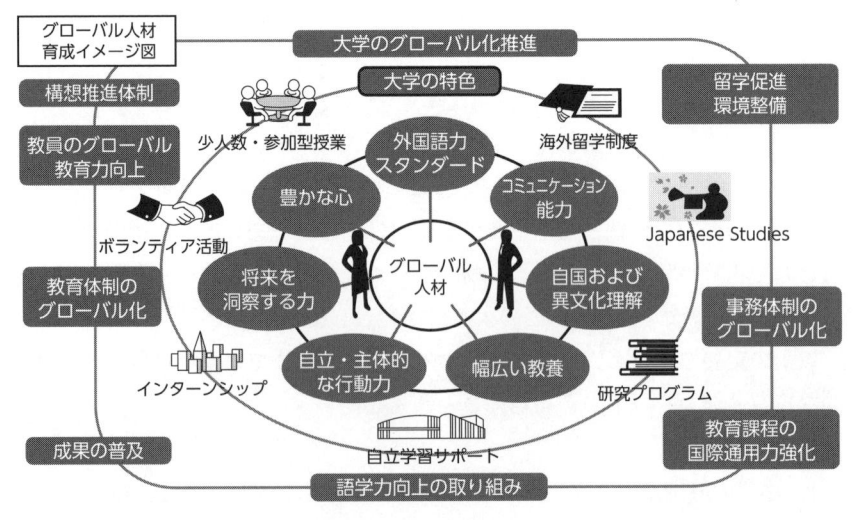

図1　グローバル人材育成イメージ図

この4年間の取り組みの結果、神田外語大学の中で、様々な方面において大変大きな変化が起きました。主だった変化をご紹介したいと思います。
　まずは英語の語学力を強化するために、英語の学習単位が増やされました。私はアジア言語学科中国語専攻に所属しておりますけれども、本来卒業要件として16単位であった英語の単位が22単位となりました。一挙に6単位も増えたということになります。
　それから留学の協定校、海外留学者も増加致しました。平成28年度は短期留学者357名、長期留学者155名、合わせて512名となっており、海外留学派遣比率（海外留学者／全学生数）は13.1％となっております。海外インターシップ（ASIAインターンシップ）につきましては、世界20カ国へ過去3年で合計164名を派遣致しました。
　また、勝又先生のお話にもありましたように、日本事情を英語で伝えられる能力は大変重要ですので、神田外大にも英語で日本事情を学ぶプログラムCPJS（Certificate Program in Japan Studies）ができました。講座はすべて外国人の先生による英語オンリーの講義ですけれども、過去4年間で延べ1282人が受講しました。また一方で、Self-Access Learning Centerとして新たに8号館が建設され、自立学習支援体制も更に充実されました。
　事務体制もグローバル化に対応できるように全職員の30％強が、TOEIC800以上を取得しております。
　シラバスにつきましても、海外から本学でどのような科目が開講されているか、WEBで検索できるように、英語と日本語で書かれております。各科目の内容、レベル等が端的に分かるようにナンバリングも行われました。
　神田外大はボランティア活動が盛んな大学で、国際的な大会のスポーツ通訳ボランティアに大変多くの学生が積極的に参加しております。2012年から16年までの5年間で783名が参加致しました。また同時期において地域貢献・国際交流に参加した学生が2042名、国際協力・国際開発に参加した学生が271名となっており、5年間で合計3096名がこうしたボランティア活動に参加しています。全学学生数が3800名前後ということを考えますと、いかに学生が積極的に参加しているかということが分かると思います。学生たちは、こうしたボランティア活動の場を、学んだ外国語を用いたコミュニケー

ション力の発揮の場として捉え、意欲的にチャレンジしており、その経験が更なる語学学習のモチベーションアップにつながるというプラスの効果を生んでいます。同時に異文化体験を通じて異文化理解を進めるのにも役立っています。2013 年にはボランティアセンターが設立されました。その他、東日本大震災復興教育ボランティア、福島県英語教育ボランティア等も行われました。

　教員のグローバル化に関しましては、2016 年 5 月の実績におきまして教員215 名中 114 名、つまり 53 ％が外国人の教員となっております。教育力の向上のために我々教員は職員の方の授業参観を受けたりもしています。それから例えばグローバル企業で活躍する人材を講師に招きまして、何回か講演会も開かれました。

　以上こうした動きを私は大変いいことだと思うわけでございますが、ただ、懸念されることは、どうしても TOEIC 何点、TOFEL 何点が何名、何名が留学に行ったというように、英語力と数字、量にあまりにも拘り過ぎているのではないかということです。神田外大は外国語学部のみの単科大学ですので、語学力を可視化した形で提示することは確かに分かり易く大切なことではあるのですが、変革の結果一週間に語学を勉強する時間が増え、学生は語学の学習とアルバイトに汲々としている感が否めません。どうしても異文化理解やリベラルアーツといったところまで手が回らない、そういったところが手薄になっていると感じます。

　また、一つ忘れられていると思われる視点ですが、実はたくさんの留学生が神田外大に来ているわけですが、その留学生向けのグローバル人材育成という視点も必要なのではないか、文科省も大学もこの点を見落としているのではないかと、私自身は考えております。

　しかしながら、以上のようなグローバル人材育成事業に全学で取り組むことによりまして、イギリスの高等教育専門紙、Times Higher Education がベネッセグループとのパートナーシップに基づいて作成したザ・世界大学ランキング日本版 2017 年では、神田外語大学は総合で 46 位に入り、私立大学のうちでは 11 位にランクイン致しました。これは大変喜ばしいことだと私は思っております。

　中嶋先生は、『学歴革命』の第 1 章の中の「グローバル化とは何か、国際化

とどう違うのか」において、国際化というのは国と国との関係、地域と地域との関係というように常に境が重要になる水平的な概念で、グローバル化というのは物や人の移動が激しいボーダレス化した立体的な概念だというように提示されました。

　その点を踏まえつつ、視点を「人と人との関わり」に移して国際化とグローバル化の違いを考えますと、国際化の時代においては政治家や著名人の往来・交流が主で、多くが「客人」としての付き合いだったわけですが、グローバル化の時代になると、一般人の往来が増加し、中長期滞在者も増え、隣人、上司、部下、同僚、友人、クラスメートといった身近な人としての付き合いが増えてくるということになるかと思います。つまり、異なる文化に属する人と日常的に接することになるわけで、まさに、グローバル化時代においては、我々一人一人が異なる文化に属するということの意味を理解し、お互いに共生するための努力が必要となったということだと思います。

　ちなみに法務省のデータによりますと、日本に中長期滞在する外国人は2017年6月末の時点で、247万1458人となっており、中国人は71万1486人となっています。中国からの留学生は、2016年末で11万5278人です。また、2017年に観光客として来日した外国人は約2869万人で、そのうち中国人の来訪者は約736万人でトップです。1994年に訪日した中国人が約19万人だったことを考えますと、日中間の人的往来は大幅に増加し、確かに一般の人同士の関わり合いが増えていることが分かります。

　さて、授業の現場におきまして、学生の話を聞いたり、リアクションペーパーを見たりしますと、他文化を知らないことによる異文化摩擦や誤解、無理解が、バイト先で、大学で、会社の内定式で、またインターンシップ先でと日常茶飯事に起きております。ビジネスにしても何にしても、まず第1に良好な人間関係を築くことが大切だと私は思います。

　先ほどグローバル人材育成イメージ図をご覧頂きましたが、グローバル人材になるために学生が卒業するまでに身に付けるべき資質・能力についてコンパクトにまとめた7項目の中に、「自国および異文化理解」という項目がありました。私が担当している中国文化概論Ⅱでは、知識として知っていれば避けられるであろう誤解や無理解をなくし、文化の違いを超えて良好な人間関係が築

けるように実学的なことを意識して授業内容を組んでいます。
　実際には「中国文化」といっても、中国は 56 の民族を有する多民族国家ですので、この授業では全体の約 92 ％を占める漢民族の文化的傾向性に絞って授業をしております。概論ではありますが、なるべく一方的に私が講義するのではなく、原因を探求したり、自分の考えを発信したりするといった参加型の授業形態を取り入れています。
　摩擦を生じやすい日中文化の相違例についてですが、同形異義語などによる漢字を巡る相違、コミュニケーションの仕方の相違（感謝、謝罪、初対面の挨拶、知り合い同士の挨拶の仕方等）、習慣の相違（食習慣、プレゼントの習慣、縁起を巡る相違等）、人間関係の在り方をめぐる相違（相互扶助の在り方、自己志向性、他者志向性）等、様々な違いがあります。いくつか例を挙げてご紹介させて頂きたいと思います。
　コミュニケーションの仕方が日本と中国ではかなり違いまして、日本は「ありがとう」と言われると嬉しいのですが、中国では親密な仲において、「謝謝」と言われますと、むしろ距離感を感じるわけです。ですからむしろ人間関係性としては「ありがとう」、「謝謝」とは言わない方がいいということになります。
　私が、札幌で開かれた神田外大の公開講座におきまして、この話をしましたところ、社会人の方が見えていて、この方が講義の後、私のところにやってきました。中国の支店に出張した際に、いつもお土産を持っていくそうなのですが、一度も中国人のスタッフから「ありがとう」と言われたことがなく、自分は彼らに嫌われていると思って、ずっと気に病んでいたというのです。「そうではなかったのですね」と明るい顔で語ってくれました。
　謝罪につきましても、これは誤解がよく生まれることでございまして、謝罪の表現には定型表現と非定型表現がございます。日本では「ごめんね」、「すみません」等、定型表現を好むわけですが、中国では、例えば待ち合わせに遅れた時なども、事実を認めて、「遅れちゃった」と言ったり、「寝坊しちゃって」と理由を説明したりするといった非定型表現によって謝罪を表すことが大変多いわけです。そうしますと、日本人サイドからすれば中国人はちゃんと謝らない、言い訳ばかりする人たちだと思ってしまいますし、中国人サイドからすれ

ば、定型表現を使って常に謝罪をする日本人は言葉による表面的謝罪をしているのだ、というふうに捉えてしまう可能性が高いのです。

　また、我々日本人でも「ニーハオ」という言葉を知らない人はいません。ですけれども、その用法の違いを知っている人は多くはありません。「ニーハオ」という言葉は「こんにちは」と違いまして、初対面であれば昼間でなくてもいつでも使える言葉ですし、いったん知り合った相手にはもう使わない言葉なわけです。そういうことを知らない学生が留学生に大学のキャンパスで出会った時に、「こんにちは」を言う気分で、「ニーハオ」と言ってしまうわけです。そういった場面に出くわすと中国人の留学生は、もう知り合って友達になったのに…と、次の言葉に詰まって何も言えなくなってしまうというように述べています。

　また、ある会社の内定式に出かけた学生は、他大学の中国人の留学生から話しかけられたのですが、その時の印象をずうずうしい、もしくは慣れ慣れしい感じでびっくりしたと私に語りました。初対面の会話におきまして、日本人は親しくない人との距離に配慮するストラテジーを好むわけですが、中国人は親しさを強調するストラテジーを好みます。ですから、相手に好感を持つと「縁」を感じ、色々な話題をどんどん提供し、相手を知り、自分も知ってもらおうとします。距離を縮めようとするわけです。このように気兼ねなく話しているという心的態度を取るために、日本人サイドからしますと、無遠慮に話題を導入してくる中国人に対して距離の取り方が分からない、近づかれ過ぎ、馴れ馴れしい、と思ってしまうと同時に、中国人サイドからしますと、日本人は私と仲良くしたいと思っているのだろうか、そういう気がないのではないだろうか、と思ってしまいます。中国の人は知り合ったその日に、いついつに一緒にご飯を食べに行こうと、よく誘ったりするわけですが、「日本人は仲良くなったら一緒にご飯を食べに行こう」と思っているわけで、「仲良くなりたいから一緒にご飯を食べに行こう」と思っている中国人と思いがすれ違ってしまいます。

　ある学生は自分の消しゴムを黙って使う中国人の友人に、「断ってから使えよ」と言ったところ、「友達だったらそんな必要はないでしょう」と言われたということです。実は、「親しい」ということの在り方も文化によって異なる

わけです。
　私は授業でグローバル人材育成において異文化理解関連のことで関わることが多いわけですが、様々な場面で無理解や誤解が生じておりますので、大変教え甲斐を感じております。ご清聴どうもありがとうございました。

「大学改革」と「グローバル人材の育成」について疑問に思うこと

静岡県立大学教授　五島文雄

　静岡県立大学の五島でございます。

　私の勤務しております静岡県立大学国際関係学部でも再来年度（2019年度）から始める新しいカリキュラムを検討中で、目下、学部改革推進中です。とはいえ、私自身は2018年3月をもって定年退職するため、そのカリキュラム改革の議論からは外れており、その詳細についてよく存じません。その意味で、本日は「大学の現場から」の細かい具体的なお話しは御勘弁頂きたいと思います。

　そこで、本日は「大学改革」と「グローバル人材の育成」という2つの観点から、私なりに考えるところを述べさせていただきたいと思います。

　まず、「大学改革」についてです。

　私自身は国立大学である大阪外国語大学（現在、大阪大学外国語学部）に25年、公立大学である静岡県立大学に11年勤務してきました。つまり通算36年間、国公立大学に勤務して参りました。この期間に私共の教育・研究環境は大きく変わりました。

　「大学改革」は（無駄の排除や効率性を重視する）「行政改革」と並行して行われてきました。当初は、教育大学や外国語大学のような単科大学を合併するとか、総合大学に統合する、ですとかです。

　振り返ってみると、36年前に大学に勤務し始めたころは、かなりゆったりとした感があり、1週間のうち、「自宅研修」というものも認められておりました。1週間の勤務時間のうち「3分の1」か「2分の1」であったと記憶しています。それがその後、マスコミから大学にも行かないのにどうして交通費を支払うのか、などと批判されるようになりました。（きっと、大学当局は定期券の割引率などを勘案して期間を定めていたのではないかと推察しますが）。本来、大学を評価するうえで重要であるべき研究の質・量などとはあまり関係

ないところでの批判が強くなったように感じています。

　中嶋先生はとてもよろしい先生なのですが、国公立の先生からみると、とても嫌な先生でした。

　教員評価ですとか、大学のトランスペアレンシー（透明性）を高めることなどはよろしいのですが、「大学改革」は結果的に、現場の教員から見ると、研究ではなく文書作りに割く時間がとてつもなく増えた気がいたします。

　秋田の国際教養大学がマスコミで注目されるようになると、静岡県立大学からも中嶋先生と深い関係にあった先生方が、大学執行部から現状視察に行くように言われ、実際に行き、中嶋先生、勝又先生からも直接色々と説明を受けて参りました。

　そこで分かった重要な事実の一つは、国際教養大学では中嶋先生が理事長と学長を兼任されている、ということでした。要するに、人事も含め、中嶋先生が事実上、最終決定権を持っているということでした。

　しかも、規模も学生の名前を覚えられるほど小規模であるということでした。

　静岡県立大学は、理事長と学長が異なる大学です。国公立では初めて30年前に国際関係学部というものを創設した大学であり、法人化が開始される前にはすでにそれなりの理念と制度の下で学部運営をしておりました。「大学改革」も既存の制度・人員をどのように新しい時代環境にマッチさせるかが課題であります。

　それに対して、国際教養大学は、いわば中嶋先生が創業者です。

　文部科学省は「大学改革」を軽く考えていたのではないでしょうか。国際教養大学のような新しいモデルがマスコミに注目されることにより、国からの予算がもらいやすくなるとでも思っていたのでしょうか。

　私はマスコミからは常に非難される国家公務員・（準）地方公務員という立場にありましたが、今、冷静に「大学改革」を見直す時期に来ていると考えます。

　国公立大学が法人化されて10年以上の歳月が流れました。法人化をはじめこの10数年の「大学改革」が、はたして良かったのか悪かったのかについ

て、マスコミの方々はまだしっかりと分析・評価していないと思います。中嶋ゼミは、時事通信社、読売新聞社、日本経済新聞社などマスコミで活躍されてきた方々を数多く輩出しています。私はそのような方々に、ご自身はもとより後輩の方々にしっかりと分析・評価するように言って欲しいと思います。それが今後の「大学改革」の第一歩であると考えます。

　次に、「グローバル人材の育成」についてです。
　こちらについては、勝又先生が本日配布された文書の最後に書かれている文章、「どこに住もうと自分の仕事で世界的に競争力が一流な者に育て、世界に発信できるようにすること」に尽きると思います。つまり「言葉（言語）はどうでもよい！」ことなのです。しかし、国際教養大学は宣伝上手な先生方が、英語重視で教育をして、それが教育熱心な父兄の注目を集めたのです。とはいえ、中嶋先生もそうでしたが、「グローバル人材」により重要なことは「自分の意見を持たなければいけない」ということであったと思います。
　その点に関連して申し上げれば、文部科学省は、教育の国際化という課題に対して、「2期制（セメスター制）」（半年を1期として、半年の履修ごとに単位を与える）の導入を推進しました。しかし、多くの大学では、かつてと同じように1週間に1度の授業を行っています。そのため、1年間のうち、夏休みが有効に使えなくなりました。かつては夏休み前に課題を与え、夏休み中に課題に関する学習をじっくり学ばせ、1年間の終わりに8000字程度のレポートを書かせることできました。しかし、今では夏休み前に試験を行ったりレポートを書かせ、秋からはまた新しい科目となりますので、学生にしっかりと考える時間や学習時間を確保させにくくなっています。
　話がまとまりませんが、以上が2つの点に関する私の雑感とでもいうものです。与えられた時間も超過してしまったようなのでこの辺で失礼いたします。

大学でのグローバル人材育成教育
——英語教育の視点から——

早稲田大学・明治大学兼任講師　斎藤裕紀恵

「現場報告」に登場していただいた3人のうち斎藤さんは中嶋ゼミ生ではありません。早稲田大学と明治大学で英語教育の専門家として学生指導に当たっており、実践的な英語力向上のための指導に定評があり、著書も多数出しています。グローバル人材育成教育学会の理事としても積極的に活動しています。そこで今回、特に報告をお願いしました。当日は話し言葉でわかりやすく報告していただきましたが、出版に当たっては、主張をより整理した論文として改めて書いてくれましたので、それをそのまま掲載いたします。　　　　　　　　　　（編集部注）

1　グローバル化時代の大学英語教育

　急速に進むグローバル化の波を受けて、大学でもグローバル人材育成の必要性が喫緊の課題である。現在、多くの大学が海外留学プログラムを充実させ、海外に学生を送り出すことによって学生の英語力を伸ばし、グローバル人材育成を進めている。大学が海外留学プログラムを拡充させることは学生が海外に目を向けて、海外の文化生活から学ぶ機会を提供する意味でも必要であろう。
　しかしながら、学内でも英語教育プログラムの充実を図り、学生の英語力を高めて将来のグローバル人材となる学生を育てていくことも同時に必要であろう。もし学内での英語教育プログラムを充実させることができなければ、今後日本の高校生が日本の大学を選ばずに直接海外の大学に留学することも考えられる。それゆえに海外留学の機会を増やしつつも、学内の英語教育プログラムの拡充は欠かせないだろう。海外留学プログラムと学内の英語教育プログラムが両輪として、大学のグローバル人材育成の役割を果たしていくべきである。
　現在、多くの大学ではグローバル人材育成の一環として英語教育プログラムに外部英語試験を導入している。しかしながら外部英語試験を導入することが学生のグローバル人材育成に繋がるのであろうか。そのような疑問からグローバル人材育成に繋がる大学の英語教育の在り方をこれまでの実践結果から提言したい。

2 グローバル人材から学ぶ「グローバル人材に必要とされる英語力」

　大学生にグローバルで活躍している人達の話を直接聞ける場所を提供したい、との思いから、個人的にグローバルセミナーを2015年から2017年にわたって14回開催してきた。グローバルセミナーの開催は「実際にグローバルな舞台で使える英語を教えるためにはどのような英語を教えるべきか知りたい」という現場教師の要望に応えるものでもあった。14回のセミナーには元駐米大使の藤崎一郎氏、前グーグル日本法人社長の辻野晃一郎氏、前リッツカールトン日本支社長の高野登氏、前米グーグル副社長の村上憲郎氏等、IGS代表取締役の福原正大氏、日本紛争予防センター（JCCP）理事長の瀬谷ルミ子氏、宇宙飛行士の山崎直子氏等にご登壇いただいた。

　それぞれ異なった分野でグローバル人材として活躍を続ける登壇者から、グローバルな舞台で活躍する力と英語力について語って頂いたが、多くの登壇者が英語でのコミュニケーション力、ネゴシエーション力、多文化理解力を必要な力として挙げていた。筆者自身もインドのチェンナイで開催されたダウン症の国際会議に参加した際に、各国から母語が異なる参加者間の共通言語として英語の必要性を体感する中、大学の授業でも学生がグローバル化に対応できる英語力を身に付けさせるべきであると感じていた。

3　大学の英語教育現場からグローバル人材育成への挑戦

　グローバルセミナー開催を通して、外部英語試験の導入によって大学の英語教育プログラムの拡充を図るだけでは、英語の授業からグローバル人材育成ができないのではないかとの疑問から、英語をグローバルコミュニケーションツールとして使えることができるような授業実践を模索していた。本章ではグローバルコミュニケーションのツールの定義づけから始めた授業実践の導入前、実際の導入方法、導入後の振り返りを含めて報告する。

3.1　グローバルコミュニケーションツールとしての英語の定義

　まずはグローバル人材に関しては様々な定義がされているが、文部科学省はグローバル人材を以下の3つの要素を持つ人材として定義している。要素Ⅰは語学力・コミュニケーション能力、要素Ⅱは主体性、積極性、チャレンジ精

神、協調性、柔軟性、責任感、使命感、要素Ⅲは異文化に対する理解と日本人としてのアイデンティティーである。またさらにグローバル人材として求められる力として課題発見・解決能力、チーム　ワークとリーダーシップ力等を掲げている（経済産業省、2011）。

　また国際バカロレアの掲げる10の学習者像では 探求する人、知識のある人、考える人、コミュニケーションができる人、信念をもつ人、心を開く人、思いやりのある人、挑戦する人、バランスのとれた人、振り返りができる人が挙げられている（坪谷、2014）。

　英語教育の分野でも英語を国際共通語として教えるという動きが高まっている。例えばKachru（1992）によるWorld Englishes の概念ではThree Concentric Circle というモデルを用いて世界の様々な英語を説明している。Kachru によると現在話されている英語の約80%が非母語話者によるものである。Graddol（1997）はKachru（1992）のThree Concetric Circle のうち、日本のように英語が外国語として学ばれているExpanding Circle の多くの国々で、英語は国内でまた国際コミュニケーションのために必要であると述べている。Jenkins（2009）は異なった言語文化背景を持つ人々の間の共通言語としての英語、English as a lingua franca の重要性を語っているが、Graddol（1997）同様に英語がExpanding Circle の非母国語話者間でより使われるようになっていると述べている。

　また別の定義としてEnglish as an international language の定義がある。Smith（1976）はEnglish as an international language としての英語を国際的に最も頻繁に使用される言語であり、異なった国からの人々が互いにコミュニケーションをするために使用されるための、また外国人と文化の説明や議論するために使用される国際言語であると定義している。またMcKay も同様に英語の主な役割が自分の考えや文化を伝えることを可能にすることにあるとしている。このように異文化理解促進のための国際言語としての英語の必要性がますます高まってきている。

　現在、世界で幅広く活用されているヨーロッパ言語共通枠参照枠（CEFR: The Common European Framework of Reference for Languages）は複言語主義と複文化主義の概念に基づいている。複言語能力と複文化能力はコ

ミュニケーションの目的のために言語を使用する能力であり、いくつかの言語といくつかの文化的経験を持つ人が、異文化交流に参加できる能力であると定義されている（Council of Europe, 2001）。CEFRで提唱されているように、言語を学ぶ重要な目的の一つは背後にある文化理解であり、英語教育においても、英語を学びながらも、多文化理解を深める機会を提供することが大切であろう。CEFRはその理念だけでなく、どのレベルで何ができるようになるかの指標としてCan Doが世界の言語教育で幅広く応用されているが、そのCan Doも英語教育現場で幅広い応用が可能である。例えばB2レベルで、プレゼンテーションやディスカッションに関して、以下のCan Doが紹介されている。

>Addressing Audiences:
>Can give a clear, systematically developed presentation, with highlighting of significant points, and relevant supporting detail.
>
>Informal Discussion:
>Can account for and sustain his/her opinions in discussion by providing relevant explanations, arguments and opinions.
>
>Formal Discussion and Meetings:
>Can express his/ her ideas and opinions with precision, and present and respond to complex lines of argument convincingly.
>(Council of Europe 2001)

　上記に挙げた文部科学省の「グローバル人材」の定義、国際バカロレアの10の学習者像、English as a lingua franca, English as an international language, CEFRを参考に、グローバルコミュニケーションツールとしての英語を以下のように定義した。

>Firstly, as having the English ability to think critically and objectively and to convey thoughts and ideas in an organized manner through pair work, discussion, and presentation. Secondly, as having English ability to understand other people and other

cultures and to understand and convey our own cultures.

「批判的、客観的に考え、ペアやグループワーク、ディスカッション、そしてプレゼンテーションを通して、系統立てて、考えや意見を述べることができる英語力であり、また他国の人々や文化を理解して、自国の文化を理解し伝えることができる英語力。」

3.2 グローバルコミュニケーションツールとしての英語の授業実践

上記に掲げた「グローバルコミニケーションツールとしての英語」を実践として指導したのは、大学1年生の English for General Communication という名称の英語をコミュニケーションとして学ぶコースである。筆者自身は上記コースの4つのクラスを担当していたが、各クラスには英語中級レベルの男女約30人の学生が在籍していた。コースは春学期と秋学期に設定され、1レッスン90分の授業で春学期は15レッスンで終了して、秋学期にはまた別の新しい学生を教えるシステムになっていた。このコースの共通目的としては中級レベルの英語を聴き、小グループで英語のディスカッションに参加し、グループディスカッションの結果をクラス全体に英語で報告することが挙げられていた。この授業実践を行った当時は、指定された教科書はなく、教科書決定やコースの具体的な内容は各教師の采配に委ねられていた。最初の1年目は英語教授用の教科書を採択したが、内容レベルが中級レベルの学生の力を伸ばすには物足りないと感じていた。また同時に自身が上記に挙げたようにグローバルセミナーを開催する中で、実際にグローバルな舞台で使える英語力をクラスで身に付けさせることが必要であると感じ、教科書として使うことができ、かつグローバルコミュニケーションのツールとしての英語学習を促進するためのポートフォリオ（草案）を検討した。

3.3 学び続ける人材を育てる自己学習理論の応用

大学の英語授業の実践の場で、グローバル人材を育てながらも、生涯学習を自ら続けることができる自己調整学習者を育てる必要性も感じていた。自己調整学習とは、学習者が内的能力を学力に変える自己指示プロセスであり、教育

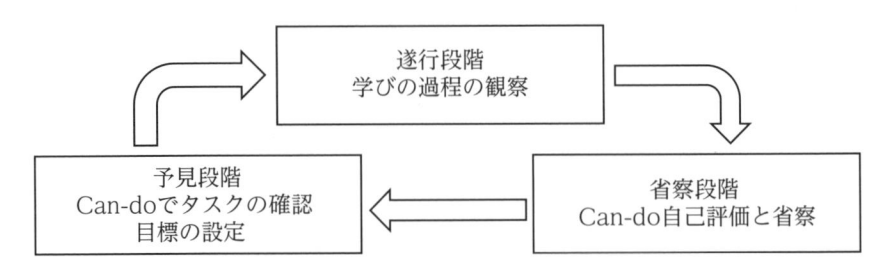

図1：自己調整学習の周期的過程（Zimmerman 2002）

の主な目的の一つは生涯学習の育成であるため、自己調整学習は重要である（Zimmerman, 2002）。

　自己調整学習の周期的過程では図1が示すように、まず予見段階では学習を始める前に目標設定を行い、その目標に従ってその目標を達成するためのストラテジーを選択する。また同時に自分が目標を達成することが可能だという高い自己効力感をもつことが効果的であると言われている。次の遂行コントロールの段階では学習を進める中で、予見段階で設定した学習ストラテジーや学習を調整し、観察を行う。最後の自己省察の段階では学習の取り組みの自己評価や、成功や失敗の原因の考察を行う。自己調整学習ではこの自己省察の段階での自己評価が次の予見段階では生かされるという周期的過程になっているが、この周期的過程を取り入れることによって、より効果的な学習が行われると考えられている（Zimmerman, 2002）。

3.4　ヨーロッパ言語ポートフォリオの応用

　ヨーロッパ言語ポートフォリオは（ELP）はCEFRの複言語主義、複文化主義に基づいて、作成されているものであり、学習者の自律性を伸ばし、言語習得のプロセスや、異文化理解の経験についての記録をつけるためのものである（Council of Europe, 2001）。

　ヨーロッパ言語ポートフォリオには、複言語と複文化体験を記す言語パスポート（Language Passport）、言語学習履歴や学習目標、自己評価などを記す言語バイオグラフィ（Language Biography）、学習記録を保存する資料集（Dossier）から構成されている（Little, Goullier and Hughes 2011）。筆者

が作成したグローバルコミュニケーションツールとして英語を身に付けるための言語ポートフォリオには、目標設定、自己評価、自己反映のための Can Do を含む言語バイオグラフィ、進行中の学習を記録する資料集を含めた。ヨーロッパ言語ポートフォリオには前述した Zimmerman（2002）の自己調整学習サイクルが反映されている。

3.5　グローバルコミュニケーションとして英語を学ぶためのポートフォリオ

ポートフォリオの1ページでは、成績評価方法に加えて、前述したグローバルコミュニケーションツールとしての英語の定義をコースの目的として含めた。2ページには、4つの言語スキル（リスニング、リーディング、スピーキング、ライティング）で達成したいこと、目標を達成するためにすべきことを書く欄を設けた。学生による目標設定のページを含めることは、自己調整学習の周期的段階における予期段階を反映している。3ページには、表1で示すように各レッスン内容、各レッスン後に自己評価を書く欄を入れている。この

表1　授業内容と自己評価表

Lesson	Contents	Looking back on today's lesson, write comments
1	Orientation, Self-introduction, Introduction to Presentations	
2	Family and Friends	
3	Family and Friends	
4	Individual Presentation (What I have been most concerned about)	
5	Individual Presentation (What I have been most concerned about)	
6	News in Japan	
7	Social Issues in Japan	
8	Cultures in Japan	
9	A Group Presentation about News, Social Issues, and Cultures in Japan	
10	Cultures in the World	
11	News in the World	
12	Various Issues the World is Facing	

13	Review and Preparation of Group Presentation	
14	Review and Preparation of Group Presentation	
15	Group Presentation	

　コースは大学 1 年生の最初のコースであることを踏まえ、クラスメートに質問をするなど難度の低い課題から、社会問題解決のプレゼンテーションをする難度の高い課題へと、コースが進むにつれて難度の高い課題に挑戦できるように設計されている。

　以前のポートフォリオ（斎藤、2015）では、各レッスンの Can Do を含んでいなかったが、新ポートフォリオでは自己調整学習をより促進できるように改訂した。具体的には表 2 にあるように、学習を言語バイオグラフィには 1) 内容、2) 主目標と副目標、3) 自己評価、4) Can Do による自己評価、5) 振り返りの箇所を、学生がより客観的に評価ができるように追加した。そのうち内容の箇所では、学生が授業ではどのような内容を主に学び、各タスクの内容が何であるかを理解できるようになっている。表 2 にあるように Lesson10 では他国の文化理解を主要な目標として掲げている。その目標を達成するために、旅行について質問応答することを最初のタスクとして導入して、最後にグローバルな精神を持つために何をすべきかを議論するタスクを入れている。次の主目標と副目標の箇所では、内容で掲げられていることに対して何ができるようになることが期待されているかを載せている。自己評価の箇所では各主目

表 2　言語バイオグラフィの例（Lesson 10 より）

1) Contents	2) Goal & Sub Goals	3) Self-Evaluation
Cultures in the World	Main Goal: I can understand and convey other cultures.	
Task 1: Ask and answers questions about traveling.	Sub-goal 1: I can ask and answers questions about traveling.	
Task 2: Brainstorm about unique cultures in the world.	Sub-goal 2: I can brainstorm unique cultures in the world	

Task 3: Investigate one culture of one country.	Sub-goal 3: I can investigate one culture of one country.	
Task 4: Convey the findings in an organized manner through a presentation.	Sub-goal 4: I can convey the findings in an organized manner through a presentation.	
Task 5: Tell my opinion about how to be a global-minded person.	Sub-Goal 5: I can say my opinion about how to be a global-minded person.	

4) Self-Evaluation: Can Do statements
If you think you can do it well, draw three stars. ☆☆☆
If you think you can do it a little, draw two stars. ☆☆
If you think you cannot do it at all now, draw nothing.

5) Self-Reflection
Write down what you have been able to do.

Write down what you will have to improve.

Write down how you will improve the area in detail.

標と副目標の箇所に記述できるようになっていて、さらにそれぞれの各主目標と副目標に対してCan Doで自己評価できるようになっている。最後の振り返りの箇所では、学生が学習を振り返り、達成できたこと、改善すべき点、弱い分野を改善するために何をすべきかを記述できるようになっている。

　表3は学生が学びの過程を記録できる資料集箇所の抜粋である。レッスン10では表2で示したように1から5までのタスクがあり、ウォームアップ活動としてのタスク1では旅行に関連する質問を英語でパートナーと作成して、作成した質問を別のパートナーにすることになっている。タスク2ではインターネットを使って、世界の変わった文化について調査する。タスク3は調べた結果を他の学生にプレゼンテーションの形で共有する活動である。タスク4では他の学生のプレゼンテーションを聞いて、メモを取ることになっている。最後のタスク5ではグローバルな精神を持つためには、異なった文化に対してどのように、また何をすべきかをグループで意見交換をして、その後クラス内で意見の共有がされた。意見としては異なった文化を受け入れて、異

表3 資料集の例

Task 2: Unique cultures in many countries. Write about many unique cultures in the world with your group members.

Task 3: Choose one country and look into the unique culture of the country with partners. Take notes during your discussion and using the memo, report it to other students.

Name of a country you chose
Unique culture in the country

Task 4: Make a presentation of the findings in Task 3. While listening to others, take notes.

Presenters' names	Names of countries	Unique cultures of the countries

Task 5: Every country and every region has different and unique cultures. To be a global-minded person, how and what we should do toward different and unique cultures in the world?

なった文化に寛容になる必要性、他の言語を学ぶ必要性などが挙げられた。また自国の文化基準から他の国の文化は判断すべきでないとの意見も共有された。

3.6 ポートフォリオを使用したクラス実践

　最初のクラスでは、資料集と言語バイオグラフィを含むポートフォリオを各学生に配布して、ポートフォリオに記載されているコースの目的、コース内容、評価方法を説明した。この説明の過程は学生がコースで何を学び、何を目標にすべきかを理解するためにも重要である。学生はまた英語4技能分野の自分自身の目標を記載した。この過程は自己調整学習の周期過程の予見段階を反映して導入された。コース概要の説明後、学生は英語で自己紹介をし合い、効果的にプレゼンテーションをする方法を学んだ。クラス終了前の約10分は学習内容の振り返りをして、ポートフォリオに自己評価を書くための時間として割かれた。

　毎回のクラスでは、学生は自分のポートフォリオを持参して、学習の進行過程について書いた。例を挙げると、2週目のクラスでは、学生はパートナーとクラスメートに聞きたい質問を書いた。その後、書いた質問を新しいパートナーに聞いた。その質問への答えをマインドマップに描き、そのマインドマップを元にそのパートナーについて書くパラグラフライティングを行った。このすべての学びの過程はポートフォリオの資料集箇所に書いて残せるようになっている。学びの過程を残すことによって、学生は自己の学習過程を観察することができる。この学習過程の観察は自己調整学習の遂行段階を反映している。

　このコースの最後のタスクは問題解決プレゼンテーションをすることである。このタスクは学生がコースの目標である「批判的、客観的に考え、ペアやグループワーク、ディスカッション、そしてプレゼンテーションを通して、系統立てて、考えや意見を述べることができる英語力」を伸ばす目的で行われた。最後のプレゼンテーションの前に、学生は世界の社会問題についてグループで議論を行い、議論内容をクラスで共有した。その後、グループで1つの問題を選び、調査をした。グループ内でプレゼンテーションの準備をして、問題の背後にある原因、問題による負の影響、解決策について話し合った。その

話合いの過程もすべてポートフォリオの資料集箇所に記載できるようになっている。記載した内容を元に、準備を進めて問題解決プレゼンテーションを行った。

クラス終了前の約10分が学習を振り返り、自己評価表（表1参照）と言語バイオグラフィ（表2参照）に記載するために割かれた。毎回のクラスに自己評価をする時間を設けることは自己調整学習の周期的段階を反映して、学生が自己評価をすることを習慣化する役目も果たしている。

4 ポートフォリオ使用の学生評価

春学期の4クラスの後、ポートフォリオが目標設定や、学習の観察や評価に役だったか書いてもらった。目標に関しては、1人の学生は、ポートフォリオには各クラスの目標が明確に書かれているので、目標を理解しやすかったと書いていた。他の学生は各クラスで学ぶべきことが何か示してあるので、準備がしやすかったと書いていた。多くの学生がポートフォリオは学習を振り返るために役だったと述べている。例を挙げると「以前の自分が書いたコメントを読んで、自分が英語を話すことを楽しみようになっていたことを理解できた。」「うまくいかなかったことを書くことは自己評価に役だった。」「毎回、自分が書いたコメントを読むことができたので、自分の成長過程を見ることができた。」などのコメントが寄せられた。学生にとって、クラスで学びを振り返り、学んだことを確認することによって、次の学習への準備を促す役割をポートフォリオが果たせていたようだ。

学生の中には、資料集に関して、テキストとノートからなるポートフォリオはとても使いやすかった、と書いていた。学生からのコメントが示すように、ポートフォリオは概して、学生が目標を設定して、学習を評価するように役立っていたようだ。

5 ヨーロッパ言語ポートフォリオの応用例として

本論では大学1年生の総合英語のコースで、英語をグローバルコミュニケーションツールとして学ぶためのポートフォリオを起草、作成して、そのポートフォリオを実践に使用した例を紹介してきた。もともとポートフォリオ作成に

はヨーロッパ言語ポートフォリオ、CEFR を参考にしたが、その過程を以下に紹介する。

- グローバルコミュニケーションとしての英語を文部科学省のグローバル人材の定義、国際バカロレアの 10 の学習者像、English as a lingua franca, English as an international language, CEFR を参考に定義
- 学生がコースの目標を確認して、各レッスンの主目標や副目標を確認して、学びを観察して振り返ることができる自己調整学習の周期的段階を反映した言語ポートフォリオの作成
- グローバルコミュニケーションとして英語を学ぶためのポートフォリオには以下のものを含む。
    - コースの目標でもあるグローバルコミュニケーションツールとしての英語の定義
    - 各クラスの内容が紹介されたシラバス
    - 学生が学びの過程を記録できる資料集
    - 各クラスの主目標、副目標が記載されて、自己評価箇所を設けた言語バイオグラフィ
- 最初のクラスで言語ポートフォリオを学生に配布。コースの目標、各クラスで行う内容、自己調整学習を進めるためにポートフォリオを使うことの説明。
- 毎回のクラスの始めに、クラスの主目標と副目標の周知。
- 授業中にはタスクの際には、ポーフォリオにノートを取るように指示。
- クラス終了前には、学生がポートフォリオに自己評価。
- コース終了前には、コースで学んだことへの振り返り、コースでできるようになったこと、今後伸ばしていくべきことについてポートフォリオに記載。

　文部科学省は 2020 年から大学入試への外部 4 技能入試の導入を決定しているが、その外部 4 技能試験の共通指標として CEFR が使われることが決まっている（文部科学省、2017）。その意味でも、上記で示した CEFR と CEFR 実践のためのヨーロッパ言語ポートフォリオの汎用性が高まってくるだろう。上記で示した CEFR とヨーロッパ言語ポートフォリオの応用例を英

語教育の現場でぜひとも役立てて欲しい。

6 まとめ

　グローバル化が進む中で、大学でのグローバル人材育成の一環として英語の授業からのグローバル人材育成の取り組みの一例を紹介した。文部科学省のグローバル人材定義、国際バカロレアの10の学習者像、English as a lingua franca, English as an international language, CEFRを参考にグローバルコミュニケーションツールとしての英語の定義付けから始まった取り組みは、自己調整学習理論も反映した英語をグローバルコミュニケーションツールとして学ぶためのポートフォリオ作成に繋がった。実際の学生からの振り返りでも紹介したように授業でのポートフォリオ使用が学生にとって学びを深めるためのツールとなったようだ。このコースでは目標に掲げた「批判的、客観的に考え、ペアやグループワーク、ディスカッション、そしてプレゼンテーションを通して、系統立てて、考えや意見を述べることができる英語力」を育成するために、ディスカッションやプレゼンテーションを多く取り入れた。それに対しても学生からは「英語でクラスメートと話し、ディスカッションするいい機会となった」、「人前で英語のプレゼンテーションをするいい機会となった」、「他の人に意見を言うために英語を話すのは難しかったが、現代のグローバル社会では必要だと思った」などのコメントが寄せられ、英語をグローバルコミュニケーションのツールとして学ぶことの意義が伝わったのではないかと思う。また学生自身も挑戦を楽しんでいたようだ。

　自分自身が行ってきたグローバルセミナーで登壇者が語ったように、大学を卒業して実際にグローバルな舞台で英語を使うためには、英語でのコミュニケーション力、ネゴシエーション力、多文化理解力が必要となってくる。グローバル化が進むにつれて、その必要性は益々高まってくるだろう。本論ではグローバル人材育成の一例として英語授業実践例を紹介した。大学でも外部英語試験の導入だけでなく、実際に学生が英語をグローバルコミュニケーションツールとして使うことができるようになるための英語教育プログラムの拡充が必要になってくるだろう。今後、海外留学プログラムとの両輪としての大学内の英語教育プログラムの拡充に期待したい。

参考文献

経済産業省（2011）．グローバル人材育成推進会議 中間まとめ
　www.meti.go.jp/policy/economy/jinzai/san.../sanko1-1.pdf
斎藤裕紀恵（2015）．グローバル化に向けた英語教育への提案：グローバルコミュニケーションツールとしての英語．グローバル人材育成教育研究　第2巻第1号
坪谷ニュエル郁子（2014）．世界で生きる力：国際バカロレアが子供たちを強くする　第1版．東京：ダイヤモンド社．
文部科学省（2017）．大学入学者選抜改革について
　http://www.mext.go.jp/b_menu/houdou/29/07/1388131.htm
Kachru, B. B. (1992). The other tongue. Chicago: University Illinois Press.
Graddol, D. (1997). The future of English. London: British Council.
Jenkins, J. (2009). English as a lingua franca: interpretations and attitudes. World Englishes. 28 (2). 200-207.
Smith. (1976). English as an international auxiliary language. RELC Journal, 7 (2). 38-43.
McKay, S. L. (2002). Teaching English as an international language: rethinking goals and approaches. Oxford: Oxford University Press.
Council of Europe. (2001). Common European Framework of References for Languages: Learning, teaching, assessment. Cambridge: Cambridge University Press.
Little, D, Goullier, F, and Hughes, G (2011). The European Language Portfolio: The Story so Far (1991-2011), Strasbourg: Council of Europe.
Zimmerman, B J (2002) Becoming a self-regulated learner: An overview, Theory into Practice 41 (2), 63-70.

本論文は Saito (2017) Developing a portfolio for English as a tool for global communication in English Profile Studies 6: Critical, Constructive Assessment of CEFR-informed Language Teaching in Japan, Cambridge University Press, P.292 ~ 302 を訳して、さらに改訂を加えたものである。

テーマ
大学改革とグローバル人材の育成を考える

登壇者
大学セミナーハウス理事長（元東京都立大学長）　荻上　紘一
グローバル人材育成教育学会会長　　　　　　　　小野　　博
名古屋外国語大学学長（前東京外大学長）　　　　亀山　郁夫
新日鐵住金相談役（元同社社長）　　　　　　　　友野　　宏
司　会
中嶋研究会会長（国際教養大学名誉教授）　　　　勝又美智雄

勝又：よく「パネル討論」という言い方をしますが、むしろ気楽な集まりにしようと思い、「座談会」にしました。レジュメに示した5つくらいのポイントについて皆さんからお話をいただきます。壇上であいうえお順に並んでいますので、簡単に紹介します。

まず荻上先生は八王子のセミナーハウスの理事長をされています。松本深志高校の中嶋先生の後輩です。ずっと親しくしてらっしゃって、中嶋先生がセミナーハウス理事長を退任される際には、いずれやるようにという引導を渡されたという経緯を伺っています。

小野博さんは、2013年にグローバル人材育成教育学会を立ち上げた人で、その際、私がお手伝いをしました。とても面白い経歴で、慶応大の工学部、大学院を修了し、医学部耳鼻科から研究生活を始めました。今も新時代の補聴器の開発に取り組んでいます。耳の良し悪しは英語耳、日本語耳といったところにも関わってくるという研究をしていて、授業についていけない大学生をいかに教育するかという問題提起でリメディアル教育学会を立ち上げた人でもあります。

亀山郁夫先生は東京外大の学長でした。中嶋ゼミ生ではありません。外大のロシア語科卒で、ロシア文学研究者で著名な原卓也先生に師事し、のちに原先生と正面衝突もしたと聞いています。今、名古屋外国語大学の学長をされてい

ます。東京外大の改革は、中嶋嶺雄から亀山先生へと受け継がれた、と私も見ておりました。

　友野宏さんは、私が書いた『最強の英語学習法』の中でも触れていますが、初めて会ったのが 2007 年にスイスで開かれた学会でした。当時は住友金属の社長でしたが、この人は素晴らしい人で、英語でのプレゼンの後、楽しそうに欧米人の質問にも即応して、自分の言いたいことがはっきりと言える。日本の経営者の中でも珍しく、こんなに国際的なコミュニケーション能力の高い人がいるのかという印象を強く持ちました。技術畑出身で、京都大学工学部から修士課程を経て、スイスの大学で博士号を取られたという方です。経営者として、際立って優れた「グローバル人材」のモデルケースと私が見ている人です。2012 年には 50 年に一度くらいしかないほど規模の大きな住友金属と新日鉄の合併を仕組んで成功して社長になり、2 年前から相談役を務めている方です。

　では荻上さんから、まず中嶋嶺雄先生の思い出からお話いただければと思います。

中嶋先生の思い出

荻上：私は中嶋先生の高校の後輩です。高校の名前を正確に言うところから始めますが、我々の母校は長野県松本深志高等学校です。長野県立とは言いません。北海道、宮城県、長野県では、県立とつけないのです。これは、明治以来使われ続けている由緒ある命名法です。私は中嶋嶺雄先生のことを、先輩と呼んでいました。中嶋先生も、「自分は先輩だからね」とおっしゃっていました。高校の先輩・後輩は絶対的なものですが、特に中嶋先輩は別格で、全く頭が上がらない先輩です。4 級違いですから、同じ時期に高校に通ったことはないのですが、ずっと睨まれている感じで、ヘビとカエルの関係です。ここには中嶋先生の後輩代表として呼んで頂いたと思いますので、その立場でお話ししたいと思います。

小野：私は大学入試センターにいた頃、海外で生活する日本人の子ども達は、どうやって日本語を keep し、英語を身に付けるかという研究を行い、ブルー

バックスで『バイリンガルの科学』という本を書きました。その関係で、鈴木メソッドの研究会のメンバーとして、本を執筆する際も中嶋先生と一緒に仕事をしました。その後、2000年代になってから「文部省で小学生の英語教育を始めるけれど、君の意見を言いにきなさい」と先生に言われて参り、「日本語がよくできる小学校高学年の児童に英語教育をするのは良いけれど、全員にやっても、あまり意味がない。無駄使いですよ」と発言したら、文部省の方から「義務教育は全員に同じことしかできません」と言われました。中嶋先生も小学校からの英語導入の推進役を担っていましたが、反対の意見を和やかに受け止めていました。福岡大学にいた2012年の9月に、先生に講演をお願いしました。飛行場までお迎えに伺ったのですが、ものすごくお疲れになっていて、翌日には松本に行かれるとのことでした。亡くなる前の年です。講演の最初に、「小野がいるから来た」、と言ってくださり、他の先生たちに驚かれました。その12月に、私が秋田の県立大学に講演に行くことがあり、お礼かたがた国際教養大学の学長室に伺おうと連絡しましたら、ちょうど東京に行く日で、では空港で会いましょう、となったのですが、私の飛行機が遅れ、到着した時には先生の飛行機が出てしまった、ということもありました。

亀山：先週、長野県の松本に講演に行きました。中嶋先生には非常に可愛がってもらった、ということしかありません。私もチェロをやっていたので、音楽を通じての機会もありました。東京外国語大学に赴任したのが1990年で、それから間もなく中嶋先生が学長になられた。その時に東京外大は26言語の学科を持っていて、英語以外の言語が非常に苦しい思いをし、全体的な地盤沈下が起こっていました。その危機感を共有する形で、何とか入試改革を行いたい、と入学選抜委員会の委員長を仰せつかりまして、東京外大の浮上のためにいろいろな実験を行いました。中嶋学長時代の後半には、大学改革のグループにも入って、「どんな案でも良いから持ってきなさい」と言われて、私自身の案を持って行った記憶があります。

　その後、中嶋学長が退任され、6年を経て、私が東京外大の学長になり、それまでの外国語学部という、ビジネスモデルとしては非常に古びてしまった大学のあり方を、何としても根本的に変えなければいけないと、国際教養大学を

横目で睨みながら、2学部案を作りました。後で気が付いたのですが、外大の大学改革の歴史を示す資料を探っていましたら、中嶋先生の考えていたのが2学部案そのものでした。国際社会学部と言語文化学部という名称でした。中嶋先生の意志を継ぐために、その名前を使うことにして、現在の2学部制は、まさに中嶋先生の夢を実現したものであると思っています。

先ほど、勝又さんから、中嶋学長の前の学長である原卓也先生と正面衝突したというのは、完全なフィクションで、そういう事実は全くないのです。これは訂正しておかなくてはなりません。（笑）ただ、原先生は大学改革に対して、必ずしも高い理想を抱いていたということはないです。彼は、根っからの文学者でしたから。

今、名古屋外国語大学で学長をして5年になりますけれど、学内では「グローバル化に最も遅れた学長」と多くの先生に思われつつ、「まあ、しょうがない」と、一周遅れで何とかグローバル人材の後を追いかけている、というのが実感であります。

勝又：内幕話になりますが、中嶋学長は生前、自分の後継者を誰にするかをいつも考えていまして、その筆頭格が亀山先生でした。そこで倒れた時に直ぐに亀山先生に連絡をするわけですが、その時には既に名古屋外国語大学に行くことが決まっていて、変更できないという経緯もありました。

友野：先ほどは、過ぎた紹介がありまして、そこらに穴があれば入りたいところですが、穴がなくて、仕方なくここにいるという心境です。ここでは私は全くの異分子でありまして、エンジニアで、アカデミズムには身を置いたことがないです。何とかご縁を探すと、女房が東京外国語大学卒で、私も女房も信州出身という、松本深志は対抗馬でありますが、そんなご縁かな、と思っています。

今回、勝又さんとのお付き合いを通じて、中嶋先生はすごい人だなと思いましたけれども、強く印象に残ったのは、「知の鎖国」という言葉です。それは中嶋さんをもってしても、大学の「開国」はできなかった、それで「出島」をつくった。それがAIUだと感じました。

AIUは大成功されているけれども、私のような部外者から見ると、東京から遠いところで、規模が小さいことと単科大学であることが一つの大きな成功要因だったかなと思います。もちろん、Passionとか、仕掛けとか、いろいろあったとは思いますが、今日のお話を伺いながら、そういうことを感じました。

大学経営のあり方が変わった

勝又：実はまさにその通りでして、国際教養大学が「出島」というのは良い表現だと思います。ちなみに今日は長崎からも中嶋ゼミ一期生が来ています。

荻上先生は数学者で東大の理学部を出られて、東京都立大の学長と大妻女子大学の学長もなされた。大学経営を長く経験され、さらに今、八王子の大学セミナーハウスで、いろんな大学の学長と付き合うことが多いと思うのですが、大学経営者というのは今までと変わったのか、それとも基本は全然変わっていないのか、普段、実感として思っていらっしゃることを教えていただけますか。

荻上：大学の経営が変わったといえる側面と、全く変わっていないという側面と、両方あるように思います。その前に、私がいつも感じているのは、日本で、「大学」という言葉で呼ばれるものは、先ほど勝又さんが言われたように、約800あります。これをまとめて「大学」と言って議論することができるのかということに疑問を持っています。私は2つの大学で学長を務めましたが、2つの全く違う性格の大学であった、と強く実感しております。

勝又：それは都立大学が公立大学で、大妻女子大学が私立大学だということから来ているのでしょうか。

荻上：それはもちろんあります。しかし、それだけではなくて、やはり800の大学を一まとめにして論ずることは、ほとんど不可能である、と自信をもって言えるだけの貴重な体験をしました。

勝又：そういう点で、いろいろな大学を見ていらっしゃる小野さん、大学が800あって、これだけ違うというお話を。

小野：私自身2つの学会を作り、その学会誌に掲載する論文の審査にも関わってきました。最近は、10年前、20年前と比べて、大学教員の指導力がものすごく弱くなっているように感じます。若手教員の身分が非常勤や任期制が多くなり、若い教員の投稿論文が大幅に減った上に、その質が落ちているように感じます。若手教員に対して、先輩教員が本当に指導しているのかと疑いたくなる論文すらあります。任期制だから若手教員の面倒は見ないという風潮が広がって、査読者が論文指導まで手伝いをしなければならなくなっています。このままでは日本の大学の研究力・教育力がどんどん弱くなっていくのではないかと非常に心配しています。

勝又：弱くなる原因として特に挙げられることは何でしょうか。

小野：簡単に言えば、国が教育にお金を使おうとしないことだと思います。文科省が「国立大学も基本的には受益者負担」と言ったり、「将来的には私立大学と比べて授業料を安くする必要はない」という考えが根本にあります。日本の高等教育に対する公費負担は世界的に見ても低いのですが、教育にはお金をかけないという政府の方針の中で、ますます日本の大学の総合力が低くなることが予想されます。研究についても同じことが言えると思います。

勝又：その点、亀山さん、文科系の学部に予算がつかない、特に語学系は、もっとつかないということで、東京外大はずっと低予算で悩み続けていた。今の名古屋外国語大学も大変だと思うのですが、文科系大学を経営することの難しさについて。

亀山：東京外国語大学に配分される運営費交付金は、かつて国立大学約80校の中でも、私が知る限り下から4番目くらいだったのですが、近年は、徐々に上がってきて、恐らくは下から14、5番目くらいになったと思います。私

が務めた6年間は本当に氷河期で、いろいろなプログラムを文科省に要請しても、ほとんど認めてもらえませんでした。その点、私の後任の学長は非常に頑張っています。正直言って、外国語教育にはコストがかかります。ですから教員一人一人の待遇を良くすれば、コストは大きくなりますし、教員の犠牲の上に、今の27専攻言語システムは成り立っています。お金が足りないといっても、SGUや、世界展開力などでかなり競争的資金を獲得しており、地方の国立大学の人文系の学部よりは、はるかに存在感もあるし、いわゆるNational Missionを果たしているという自負もあって、ある意味で優遇されている側面もあると思うのです。

その点、地方の国立大学の人文系の学部は、すさまじく悲惨な状況にあって、教育学部と文学系の学部はどんどん減らされる傾向にあります。それはそれで、私は仕方がないとも思っています。むしろ一般教養レベルで、学生たちが文学にどれだけ身近に接しているかということが大事で、いろんな学部学科の教員たちが学生の関心を文学に向けることに情熱をもって教育してくれればいいな、と思っています。

名古屋外国語大学の事例ですが、今、年間約1000人の学生を受け入れています。3学部で2019年度から世界教養学部という学部がスタートし、4学部制になります。一学年の定員1000人の学生の中で今年は450名の学生を中長期、6カ月から10カ月の留学に送り出しました。これは外部には意外に知られていないことですが、その費用は全額大学が持っています。本来なら、そういった方策は国家レベルでしっかりやらないといけないはずなのですが、学生のほうが外に出たがらないという風潮があるようですね。しかし、早稲田大学とか慶応義塾大学、上智大学などトップの私学がもっとお金を学生につぎ込んで、100％授業料を還元するというくらいの気持ちになれば、大学全体でもっと豊かな留学生制度ができると感じています。

勝又：友野さん、日本の大学の現状を外部からどう見ていますか。

友野：外部にいて、かなりの大学の評議員とか経営委員とかを頼まれたり、評価委員を頼まれたりということで、大学の最近のことを少し知る機会がある。

そんな立場で申し上げますが、すごい大きな転換点にきているという気がしています。花澤先生、斎藤先生のお話を伺って、大学が変わっていこうと、ものすごい努力をされていると感じました。特に国公立大学は独立行政法人に移行して以降、カオスの状況に陥ったと思います。それで時間が経って、議論もされ、頭が練れて、「経験知」が重なってきて、各大学で少し方向性が出始めたのかなというところでしょうか。これがそこそこ落ち着くにはさらにかなりの時間がかかりそうです。ここで方向性を誤ると、日本の大学は致命的なことになるのではないですか。「築城十年、落城三日」。今、そういうところに来ているのだろうなと思います。

勝又：具体的には、どんなところから、そう感じられるのでしょうか。

友野：先ほどの五島先生の話に重なるのですが、大学の先生方は、組織運営の、はっきり言って素人です。個人商店主ですよね。そういう人が、いきなり独立行政法人になって経営者をやれと言われる。ガバナンスだ、コンプライアンスだ、損益計算書だ、バランスシートだということで、文部科学省宛の膨大な資料を作っておられて、それを僕らにコメントを求められるのですけれども、私はよく「これはどなたが作られたのですか」と聞きます。すると、先生方がものすごくプラウドに「私が作りました」と言う。先生方は私たちよりも能力が120％あるから頑張られるのだと思うのだけれども、「これだけやっていたら、学生と接している時間が減るのではないですか。そういう問題が評価事項に入っていませんね」と聞くと、「そんなものは当然に減っているよ」という答えがきます。ご指摘があったように、論文の数は減っている、インパクトファクターも落ちる、研究時間も減っているということかと思います。

あえて言いますと、我々、企業は、ガバナンスとかコンプライアンスのベースで仕事をしていますが、普段、そこまでの書類を作っていません。あんなに細かいところまでいっぱいに書いて、結局、誰が読んでいるのか良くわからない。それも含めて、大きな転換点です。大学というのはトップになられると、すごい勉強をされて、膨大な資料を作成される。だけれども学部の方がしらけている。昔と何も変わらないというような気がしています。非常に不思議に

思っていることは、今、なかなか変われない学部の先生方の多くが、海外を経験してこられているはずです。海外の大学の実態を見た先生方が、日本の大学に戻ってくると、何もしない。一生懸命やられているのかもしれないけれど、あまり大きな流れにならない。これは、大学というのは恐ろしいところで、何か魔物が住んでいるのかなと、民間企業の立場からは感じております。ちょっと言葉が過ぎたかもしれません。単純化するために少し強調して申し上げました。

勝又：では、"大魔王"の荻上先生、何が今、大変なのでしょうか。特に国公立大学の場合、以前は経営などとは一切関係ない、学者として優秀であれば学部長になり、学部長になってから少し政治力が要求され、輪番制で学長になるというのが実態として多かったですよね。ところが今は独立行政法人化され、学長はイコール理事長だ、経営者なのだから経営のリーダーシップを持て、人事権もあり、予算配分権も持つようになったのだから、それを使って自分の思うような大学を創ればよいではないか、ということを外部からは言われるのだけれども、実際にそれがちゃんとできるのか、という話です。

荻上：20年くらい前までは、それぞれの大学は、自分の好き勝手なことをやっていれば良かったと思います。外から何か言われるということは滅多になかったのです。特に国立大学は、その当時は文部省の直轄で、文部省自身も、大学のあり方について他の省庁からうるさいことは言われなかったと思います。大学生も今から比べればはるかに少なかったわけで、大学は学生が自ら勉強するところであり、先生は自分の好きな研究をしていれば良い、ということでした。私がかつて勤めた大学の同僚には「大学は良いところだ、学生がいなければもっと良い」と言う教員もいて、それで許されていたわけです。

　ところが、ある時期から、世の中が大学に非常に注目するようになり、企業も大学に対して、いろいろ要求するようになりました。それまでは、企業から見ると、大学は卒業生を供給してくれればよく、「どうせ大学で勉強してきたことなんて、会社に入って大して役に立たない。必要なことは入社後に教えるから、大学では好きなことをやってきてください」という感じでしたし、大学

の方も気楽に構えて適当に教育をして、卒業生を送り出していれば済んでいました。私が現役の教授だったころは、そんな状態だったと思います。

　ところがそれが全く変わってしまいました。それまでのような考え方では大学が立ち行かなくなってきました。しかし、ずっとそういう生活をしてきた大学人は、何をどうすれば良いかわかりませんでした。未だに分かっていないかも知れません。私立大学は経営のことがあるので観点が違うかとも思いますけれども、国公立大学は経営のことなど、全く気にする必要がなかったのです。それが本当に様変わりして、それまで見たこともないような分厚い財務関係の書類に目を通さなければならないことになりました。だが、そんなものが簡単に分かるわけがない。バランスシートが読めるならば大学の先生なんてやっていないでしょう。しかしそれを読まなければならないし、分からなければいけない、少なくとも分かったように振る舞わなければいけない。そうなってから、それなりの年月が経っていますが、分かる人も、もちろん出てきていますけれども、しかし、まだ分からない人の方が多いでしょう。そんな状況で、国立大学は大変だろうと思います。研究力は落ちる、教育力は落ちる、こんなことで大丈夫だろうかと心配です。

　私は10年間、大学評価・学位授与機構というところにおりまして、仕事柄、多くの大学を見て回りました。その前にも大学設置審議会の仕事を長年しておりまして、合わせれば300くらいの大学は、何らかの形で見たり、訪ねて行ったりしています。ここ10年くらい、本当に大学は変わりつつあります。先生方にとっては本当に大変な時代になったと思います。元々研究することが好きだから大学に残った人が多かったはずです。しかし、その好きな研究が、どのくらいできるだろうかと、私は非常に気がかりです。大学が研究をきちんとできなくなったら、大学とは言えないと思うのです。

勝又：そこのところ、小野さん、もう少しどうぞ。

「大学全入時代」で大学生が質的に変化した
小野：研究の話の前に教育に関することですが、10年以上前から、どの大学にも学力差が大きい学生が入学するようになりました。そのような多様な学生

に対し、求められているのはきめ細かな教育ですが、そのような教育が十分になされていないのが実情です。

　グローバルの話ですが、目をアジアに向けると、日本企業は、今まで海外で安くて良いものを大量に作り、日本に持ち帰って売るというビジネスモデルで運営し、日本経済を支えてきました。私は九州の大学に属していますが、九州でも人口減少は大きな問題となっており、財界関係の会合に出ると、今後は、中小企業も、現地の人が喜ぶものを現地で安価に大量生産し、大量販売によって地元の皆さんの生活を豊かにするという形のビジネスモデルに転換するにはどうしたら良いか、が話題の中心です。そのため、大学には「海外で仕事がしたいと考える学生を育てて、供給してほしい」という社会的な要請があります。しかし、入学する学生の学力の低下に加え、英語力も一向に上がっていません。一部の私立大学と国公立大学を除いて、多くの大学は受験生をほぼ全員入学させている状況であることが一因です。そうなると、大学生になっても基本的な学力が高校生レベルから小学校高学年レベルまでの学生が大量に教室にいるわけです。我々が作ったプレースメントテスト結果と授業理解の関係から、日本語力が中学生レベル以下だと大学の授業が理解できないことが分かりました。このような学生は、ほとんどの大学に1割から3割在籍しているのが現状です。

　例えば、たまたま中嶋先生のアドバイスもあって、秋田県の公立中学・高校の全生徒の英語力を3年間にわたって調査しました。ちょっと古いデータ（2003年から2005年）ですが、中学3年生の英語力の平均は英検4級レベル、高校2年生の平均が3級レベルでした。

　そのころから今でも、英語力は上がっていないと思います。高校生の平均が英検3級レベルということは、大学生になった人の平均が英検3級レベルということです。グローバルリーダーとして社会に旅立つ卒業生は、毎年、数千人おりますが、彼らの英語は飛び抜けていますが、一般の学生は英検3級レベルです。先ほどご発表がありました花澤先生や斎藤先生のような素晴らしい先生の授業が理解できる学生がどれだけいるかということが大きな問題だと私は思います。

勝又：大学紛争があった頃、私たちは全共闘世代と言われますが、当時は大学進学率が10％から、せいぜい13％くらいでした。今は、50％を超えている。逆に言うと、本来、大学教育に相応しくない人が、どんどん大学に入ってくる。今、全国の800大学の定員が60万人まで増えて、受験生が60万人。つまり、大学は既に、選ばなければ全員入れる時代になっている。こうなると当然、大学のあり方が変わってくる。今、学長、副学長という大学の経営陣になる先生方は、自分たちが学生の頃の感覚で見て、今の学生は学力レベルが相当落ちていることに驚いている。なぜ、そういう低レベルの学生まで面倒見なければいけないのか、と疑問に思っている。しかし現実には、本来の学問とか研究ではなくて、手取り足取り、教育に力を入れざるを得ないという状況になっています。亀山先生、その点をどう改めていったらいいと考えていますか。

亀山：何とも言い難いですね。今、話を聴きながら、だんだん絶望的な気分に陥ってきています。とにかく少子化で、少ない中で優秀な学生の割合が低下しているということがまずある。しかも、その少ない学問を目指す人には職がない。もう三重苦です。国の施策が根本的に間違っているとしか言いようがないと思うのです。2002年の頭に21世紀COEプログラム、そのあとグローバルCOEとあって、その時から、独立行政法人化の前触れですけれども、1％ずつ運営交付金の削除が始まりました。本来は、その1%は「選択と集中」で、優れたところに配分していくはずのものでしたが、そこに難点があった。印象としては、物理的に削減されるだけになってしまっている。財務省が強すぎるというか、国家のグランドヴィジョンが高等教育を殺している、という印象を持ちますね。先ほど小野さんがおっしゃったことが、全てを物語っています。今日も新幹線の中で見た『Wedge』という雑誌に「国立大学はもう終わり」という記事がありました。東大法学部の定員を300名から100名に、などと書いている。とにかくエリート層をガチッと教育し、後は、全体的に底上げを目指すということがあっても良いのですが、今は全体として中間点で右往左往している。中途半端で、この方針が続く限り望みはないのでは、とも思っております。

勝又：学生のレベルで言いますと、今から20年前、30年前は大学に進学する学生たちは、200万人の母数の中から出てきた。その母数自体が今は、半減している。にもかかわらず、東大の場合、入学者は3000人で、当時の200万人に対するものと今の110万人に対するものでは質が違ってくる。本来、東大に入って来れないような学生がどんどん入っている、とこぼす東大教授もいる。全国の大学がそういう悩みを抱えながら、レベルの低い受験生も受け入れないと大学としてやっていけない事態に陥っている。そこに学生側の問題と教育する側の問題が出てきているのですが、友野さんのお考えを教えてください。

大学生の「出口管理」が必要になった

友野：そういうことが今、ものすごい転換点になっていると思います。ここで上手くやったところは、大きく成長するでしょうし、ちょっと間違うと「落城三日」というところに来ている。論点は、これまで先生方がおっしゃったところに全て詰まっていると思うのです。

　一つの仮説として、日本の大学は今は、いったん入ったら簡単に出られる。それを、入っても出られないようにするのはどうか。ちょっと極論を申し上げますけれど、さっきおっしゃったみたいに、エリートは出す、それなりの者はそれなりにして出す、駄目なのは出さない。今、学生の幅が学力的にも能力的にも相当バラついてきたというのは、企業が新入社員を採った時の実感でもあります。ただ、うちの会社は一生懸命頑張って、昔から決してラインを落としてまでは採らない。我慢してその年は入社人数を少し減らす決心をしています。

　本来は、あの大学を卒業してきた人間だから、こうなんだね、となりたい。今は、あの大学に入ったから、が基準ですが、これからは、あの大学を出てきたから、が基準になるべきだろうと思います。これも大きな一つの転換点と思います。途中で学生を放り出すと、文部科学省から出てくるお金が減りますから、大学の経営という面では難しいことになっている。日本では高度成長期に大学の入学定員が膨らんで、共通テストができて偏差値で輪切りにして、そこそこのレベルの学生が大量に入ってくるようになった。ところが今はそれが崩

れてしまった。そうすると、大学の中でどれだけ付加価値をつけてくれるか、企業側から問いかけるようになった。私たち企業も、原材料を買って、一生懸命加工して、付加価値をつけて自動車メーカーさんなどに買ってもらって利益を出している。大学も素材として入ってきた学生にどれだけの価値をつけて出すのかが問われてくる。そうすると、入り口管理ではなくて出口管理、出す商品の品質の guarantee をしていく。大きな流れは、そこに一つあるかなという風に思います。

勝又：その点について、早くから注目されたのが金沢工業大学です。あそこは徹底してそれをやっている。理工系だからできるという理由もあるのですが、入ってきた学生に一年生の段階で、基礎科目、物理とか化学とかの基礎知識をしっかりと教える。それも、ここまでのところをきちんと教えれば良いという教材マニュアルができていて、どの先生も必ずやらされるという。各教員が本来持っている研究は、後期の専門科目の段階でやれば良いのであって、一般教養の段階では、誰が教えても良いようなものを作り、毎週のようにテストをやって、学生の理解度をチェックする。そういうことで卒業する時の学生の学力到達レベルでの保証をするというのがあそこの謳い文句になっていて、企業の側も安心して採用できる、理系でこんなことも知らないのかということがあり得ないというのが、きちんとできていると言います。

　もう一つ、アメリカの大学では、Provost という経営担当の副学長がいて、資金をいろんなところから取ってきて、どう配分するかを判断している。学長もどこかの会社社長、役員を経験した人がなる場合が多い。つまり大学の経営については、経営の専門家、ビジネスマンがどんどんスカウトされて責任者を務めている。教務担当の教員たちは、自分の教育、研究に専念するという、こういうやり方がしっかりできているな、と私はいろんな大学を見て、感じたのですけれども、そういうことは、荻上先生、日本の大学の場合、ほとんど、実際にはなされていませんよね。

荻上：アメリカの場合は、小中学校もそうですけれど、校長は専門職です。先生の「なれの果て」ではないです。日本の大学は、まさに「学長は教授のなれ

の果て」で、私も、ろくな研究ができないから学長になった、とよく言われました。そういうことでは駄目で、本当は学長は専門職の経営者であるべきだと思います。

　先ほど友野さんから出口管理の話がありましたので、それに関して話します。我が国の大学が800ある中で、相当多くの大学では、単位の自動販売機を設置しています。もっとひどいのは、卒業証書の自動販売機を設置している。要するに、勉強なんかしなくたって、単位がもらえて卒業できるのです。これは、やはり決定的に具合が悪い。今、金沢工業大学の例が挙げられましたけれど、私が理解している限りで、出口管理を厳格に行っている例を2つ挙げたいと思います。国際教養大学と放送大学です。放送大学には単位認定試験というものがあって、その試験に合格しなければ単位が取れないわけです。厳格に出口管理をしている大学は極めて少ないと思います。大部分の大学は、国立大学を含めて、単位の自動販売機を置いていると、私は確信しています。もちろん、東京外国語大学は別だと思います。

　もう一つ、我が国の教育で決定的に悪いのは、ずっと履修主義を採ってきていることです。修得主義ではないのです。小学校以来、ずっと履修主義です。つまり、修得しなくても、履修さえすればよいということです。黙って座っているだけでも単位が取れる。高校卒業もそうです。学習指導要領というものがあって、高校生が学修すべき内容が決められているのですが、それが実際に修得できているかどうかは、ほとんどチェックされていません。履修したかどうかだけです。何年か前に「未履修問題」というものがありました。しかし「未修得問題」というのはないのです。これが我が国の教育の決定的な欠陥だと思います。大学に入学する者は、高校卒業程度の学力があることが前提のはずですが、現状では、半数以上の大学生が学力不問で入学できています。だからリメディアル教育なんていう馬鹿なことをしなければならない。高等学校の出口管理と大学の入り口管理がきちんとしていれば、基礎学力不足の大学新入生なんているはずがないのです。これは私が一番強く言いたいことです。

日本語力があってこその英語力

小野：このことに関連して、私が関わるグローバル人材育成教育学会の関東支

部大会で日本人大学生の英語力と日本語力の関係について、なだらかな相関があると報告しました。詳しく調べてみると、日本語力が高い学生の中に英語のできない学生がいますが、これは単に勉強しないからです。我々の仲間では「日本語は学力、英語は努力」という言葉がよく言われます。調査した大学で英語力が英検準2級以上の学生の日本語力を調べると、高校生レベルの日本語力を持っている学生が97％でした。要するに、日本語ができないと英語を勉強する準備ができていないわけです。ですから、小・中学校、高校では、少なくとも、もっと日本語学習に力を入れてほしいと考えています。我々の言う日本語学習は、漢字や四文字熟語を学習するのではなく、本や新聞を読み、その世界を想像し、考えを進め、仲間と議論し、説得するなどの活動が、英語学習の準備になると考えます。英語を勉強する準備としては日本語力を高めることが1番です。そして大学に来て、本気で英語を勉強すれば、高い英語力が身に付きます。社会に出て、会社に勤めてから、日本語力の高い社員が仕事柄、本気で取り組んで駐在員になるような英語力を身に付けた人はたくさんいます。

勝又：外語大は「未修得」という問題はどうなのでしょう。語学は修得がなかなか難しいのですけれども。

亀山：荻上先生から身に余る言葉を戴きましたが、それはフィクションで、私立大学の方がむしろ頑張っていると思いますよ。東京外大の方がそれほどでもない。上智大学などの方が、「グローバル人材」という視点から言った場合には、はるかに優秀な人を数多く育てているような印象を持ちます。東京外大は、今の定義でいう「グローバル人材」を育てているとは言えない。しかしそれはそれで仕方ないとも思います。英語はあくまで脇役で、26言語、現在では27言語が主役を張っていますので。私も学長の時にベンガル語専攻というのを作りました。ベンガル語を話す人口が多いからです。しかし、当然のことながら、決して人気のある学科とはいえません。でも、東京外大にとっては必要です。ただ、そういった方向性の模索が大学の改革と見られるような環境では、やはり「グローバル人材」というのは非常に苦しいのではないかと思います。私が2012年に東京外大を2学部にした時も、国際社会学部はできるだ

け授業を英語でやる方向で提案したのですが、ものすごい反対に遭って、実施できなかった。もちろん、リソースがないという事情もありましたが、今後も、その方向に向けて将来の人材を育成していくということはやるべきだと思いますね。もう一つの言語文化学部での授業は日本語でもいいでしょう。しかし国際社会学部は徹底して英語プラスワンを追究すべきです。東京外大は、ある意味で特殊な大学で National mission を担っているのだけれども、外国語教育という本来的な部分以外となると、今のところは苦しいと思います。

大学は外部人材の登用と事務職のプロ化を
勝又：友野さんは、大学経営に民間のエネルギーというか、民間の経営者が入ってくることについてどう思いますか。

友野：ケースバイケースだと思います。そうした方が楽な場合が多いとは思います。ただ、基本的に大学にいらっしゃる方々は、結構、優秀なので、さっきの話で、例えばバランスシートとか損益計算書などまで簡単にマスターしてしまう。僕らはエンジニアで、極論すれば、社長になるまで、そんなの関係ねえや、と思っていた。大学の場合は、その大学の置かれた立場と、持って行き方等々で、プロフェッショナルを呼んできた方が良い場合と、内部の人をリクルートして若干トレーニングする方法でもいい、いろいろだと思います。ただ、今、こういう大きく変わっていくときには、外部の人を使う、外部の力に任せて活用するというやり方が、楽だし有効ではないかなと思います。大学の本質をさほど歪めず、先生方が学生の教育、研究に時間が割ける。ストレートに言いますと、いろいろな報告用の資料を作ったり、雑事を任せる人を作るのがいい。

　勝又さんの問いに対する答えとしては、二つある。まずトップに外部人材を登用することと、事務職の問題です。日本の大学が海外の大学に比べて徹底的に遅れているのは、事務職の効率、能力がとんでもなく低い。事務職についてはプロフェッショナル教育をきちんとして、事務職についても外部から引っ張ってくれば良いと思います。例えば、今、日本の事務職で、先生方が論文を書くときに、口述筆記で、英語でさっとやって、文法を直して見事な英語にし

てプリントアウトして持ってくる秘書なんていませんよね。先生方が、一本指でインプットしていたりするじゃないですか。海外は、さっとしゃべって口述筆記です。速記して秘書が作って持ってくる。それを研究者がチェックして、論文にしていく。日本は決定的に遅れていますよね。ここは一つの大きな目の付け所だと思います。

勝又：国際教養大学を中嶋学長が創った時に掲げた柱の一つが「職員は、事務局は教員の下ではない」ということです。今、ほとんどの大学が実態として、先生が偉くて、事務局は下働きをする関係になっている。しかも事務局の人たちはローテーションで回るだけで、事務局の仕事のプロを育てようという発想がないのです。それだと大学改革は絶対に失敗する。

　国際教養大学が成功した重要な要因として、事務職と教員が「車の両輪」で対等なのだと位置づけたことにあります。当然、留学事業の専門家、入試の専門家、資金集めの専門家、そういう人を職員の中で育てなければならない。単なる事務処理屋でなく、教育政策・教育行政が分かって、大学の教育理念や基本方針に基づいた行動ができる事務局職員を養成するために大学院にも通わせ、勉強させるということを最初から中嶋学長はやったわけです。ですから、国際教養大学が成功しているのは、事務局体制がしっかりしているからなのです。

　それを外部の人は知らないで、国際教養大学の真似をして外国人教員がたくさんいれば、国際化されるとか、グローバル人材が育つと思ったら、とんでもない。教養大が全員留学を義務付けて成功しているのも、学生が教養大に払っている授業料だけで、世界中のどこの大学にも行ける、一年間ただで向こうで勉強をして戻ってくるという体制を作るために、事務局員が現地に行って調査し、細かなところまで詰めて交流協定を結んでいる。留学中の学生が交通事故にあったり病気になったときに直ぐに事務局員がサポートするという体制を築いているから、うまくいっている。事務局をきちんとした、優れたプロフェッショナル集団にすることがきわめて大事なのだと私もすごく感じているのです。

　では、これから会場の皆さんからの意見、質問を受けましょう。

日本は傑出した人材を生み出せるか

Q アメリカではアップル社の創業者、スティーブ・ジョブズなど情報通信技術革命をリードしたような優れた人たちがいます。今はAI（人工知能）が大きな話題になっています。日本の教育、大学でジョブズのような人材が出てくる可能性があるかどうか、お聞きしたい。

荻上：日本の教育は基本的に画一的に行われています。特に初等中等教育は学習指導要領などに基づいて行わなくてはいけない制度になっています。6歳で小学校に入り、18歳で高校を卒業する、それ以外はすべて規格外れだという考えの下では、スティーブ・ジョブズなんて生まれようがないでしょう。先ほどの履修主義に関わってきますが、分かっても分からなくても、一定の時間、学習すれば、あるいは学習したことにすれば、先に進んでしまう。だから、大学生になっても「2分の1＋3分の1」ができない者がたくさんいる。そういう教育をしていたのでは、スティーブ・ジョブズどころか、たいした人材は生まれないと思います。

更に、教育の場においては、それぞれの能力が最大限に伸ばせるような、自由な発想が必要です。プロスポーツでさえも日本では型にはめてしまう。かつてテニスでジョン・マッケンローという選手がいました。わがままで勝手な言動が多かったけれど、能力的に極めて優れていました。そういう選手は日本では潰されてしまうでしょう。多様性の尊重、個性の伸長という名の下に、画一的な教育が行われ続けている、と私は思っています。

勝又：これは友野さんに聞きたい。本当にイノベーティブ（革新的）なものを生み出す力というものは、どうやって育てられるのか。

友野：ジョブズは日本の大学が生み得るのかという質問は、日本の社会が生み得るのかというふうに読み替えるのが良いと思います。大学に押し付けること自体、無理がある。社会が生み得るのかと言えば、私はかなりネガティブ、悲観的です。日本社会は、あまりチャレンジを許容しないですね。一度失敗したらそれで人生おしまいみたいに否定される。記者会見して、頭を深々と下げて

お詫び申し上げます、とよくやる。

　私はアメリカのシリコンバレーで、ジョイント・ベンチャーをいろいろやってきましたけれど、その米国人パートナーたちは、会社を潰すことによってステップアップしていきます。彼はあの会社を潰した経験があるから、次は失敗しないだろうと、周囲も見る。競合相手が、より高給で引っ張っていく土壌がある。日本では一度失敗すると、もうフラッシュたいて写真を撮り、その人の人生を否定するようなことをする。でも、それでは駄目だと皆、気づき始めている。これも緩やかに変わっていくのではないですか。どこかで成功事例が出たら、ゴロンと変わっていくことがある。今はまだ、そこまでいくかどうか、インキュベーション（孵化期）レベルかなと思います。

小野：国際教養大学の次のステップとして、優良企業に就職するだけではなくて、起業する人たちがたくさん育つようになれば、何か、出てくるのではないですか。

勝又：最初からその発想ではあったのですが、結果として、大多数は一流企業に受かってしまう。いくつも内定を取るので、「行かない企業には丁重に断れ、後輩に影響するから」と厳しく意見するくらいの状況でした。起業家も少しずつ出ていますが、まだ少ないです。

科学技術と芸術的想像力の融合が必要

亀山：創造性という点で、科学やテクノロジーに関わる人が、どれだけ芸術的なセンス、想像力を持っているかという問題があります。AIについての映画はかなりあり、まさにアイデアの宝庫ですが、まず、一見、荒唐無稽とも思えるvisionがないと先へは進まないと思うのです。科学者が映画も見ない、音楽も聴かない、絵画も知らないとなると、何も育たないと思うのです。例えば20世紀初頭のアバンギャルドの絵画を見て、あるいはシュールレアリスムの絵画を見て、そこでインプットされたvisionなりアイデアなりの現実的な価値に気づく。それらを科学やテクノロジーの力を用いて実現しようとする、夢を見る力を育てていかないと、どうしようもないと思うのですよ。夢って人間

の無意識の中にあるので、無意識を解放する力を教育の中に組み込んでいく必要がある。音楽とか美術とかを必修化して、それを英語で語れるくらいのところまでやるといい。私の持論は、どの大学でも音楽を必修科目にすべきだということです。中嶋先生がすごいのは、音楽というvisionを持っていたことです。その可能性が国際教養の根本を作っているので、私もそのvisionに憧れて、今の大学でも音楽教育をどのように根付かせるかということに努力しています。

テクノロジーは最終的にvisionをどのように実現するか、visionをどのように大きく描けるかということにあります。一億ちょっとの日本人の描けるvisionと、13億人以上の中国のvisionとは全然違う。そこで、先ほど荻上先生の言った「自由」ということを確保していかないと、傑出した人材を社会が生み出すかどうかは別として、今の教育制度、やり方では到底、無理だろうなという認識を持っています。

勝又：現にスティーブ・ジョブズが口癖のように言っていたのが「テクノロジーはアートと結びつかなければ良いものができない」でした。アートは音楽であり、映画であり、絵画であり、彫刻であり、そういう芸術の分野ですね。芸術とテクノロジーが結びついたところで初めて未来型のものが創造できるということだと私も思います。

教養（リベラルアーツ）教育の重要性

Q リベラルアーツ（教養）というものを、どう評価されるのでしょうか。

勝又：欧米ではリベラルアーツが非常に重視されていますけれども、日本では、そうではなかった。戦前は旧制高校がやっていたけれども、戦後は廃止して、教養学部さえもなくなってしまい、今日に至っている。最近、国際教養大学ができたことも一つの原因ですが、「国際教養」という新しい名前で、教養が重要だと意識されるようになってきたと思います。

荻上：私は大学教育で一番重要なのは教養教育だと思います。日本の大学は1991年に設置基準の大綱化が実施されて以来、教養教育が軽視されるように

なってしまいました。先生方は、とにかく自分の専門を教えたいのです。「教養なんて時間の無駄だよ」という感じで、「くさび型」と称して、ほとんどの大学で一年生から専門を教えるようになって、本当に教養教育が惨憺たる状況になっています。私はこれこそが大問題だと思っています。私は元々、極端に言えば、大学は全部教養学部で良い、そこを出てからそれぞれの専門に進めばよいという考え方を持っています。例えば医学は高校を出て、直ぐに医学部に入るのではなくて、教養学部を出てから医学専門の大学院で学べば良いというのが私の考えです。日本の大学は教養をあまりにも軽視していると思います。

友野：教養教育は、より強化すべきだと思います。さっきお話があったのですが、「文科系不要論」が一回出た時に、経団連、経営者の集まりでものすごく危機感を持って「とんでもない話だ」と反対した。それで文科省も取り下げて、最近そういうことを言わなくなったと思います。経団連の議論は「これからの大学は、むしろ、教養を強化すべきである」ということで全員一致でした。これからは、ますます、それを強調していくことになると思います。

亀山：「教養」で難しいのは、世代間ギャップがあることです。世代を3つくらいに分けた場合に、それを埋める努力を大学の先生方がきちんとしていかないといけない。つまり、実際に大学で教えていて、どんなに様々な分野のプロフェッショナルな研究者でも、教養に関する関心を持って、自分の知をいかに教養的なものに還元できるかが問題です。研究者が還元するんだという決意を持たないと、学問知がそこで止まってしまうと思うのです。例えば、教壇に立っている文学研究者が文学作品を広く読んでいない。村上春樹を読んでいない。自分の細かな専門分野だけのものを取り上げて、何も知らない3年、4年の学生にやろうとする。それが諸悪の根源だと言ってもよいと思うのです。専門家であっても、やはり一般教養を積む必要があり、世間で広く読まれているものは、きちんと読んで、批評すべきなのに、その労を惜しんでいる。専門家として、同じ分野のベストセラーくらいは読んでおくのが最低限の教養だと思うのです。

勝又：亀山先生の「カラマーゾフの兄弟」もベストセラーになって、広く読まれているのではないですか。

亀山：学生は読んでいるけれど、文学部系の教員は読んでいないですね。「カラマーゾフの兄弟」が100万部売れたとしたならば、共通の知というものが生まれてくるわけです。例えば、中日新聞の社長さんにお会いした時に「亀山君、君の『カラマーゾフの兄弟』を読み直して、本当に良かったよ」と言ってくれる。企業のトップレベルの人たちが皆、そういったものに接しているのに、大学の教育の現場が全然読まないという、そういう情報への機敏な感性というものを持っていない教員たちが多すぎると思います。

グローバル人材育成に向けた教育のあり方

勝又：「グローバル人材」は、国際教養に裏打ちされたものがなければ、どうしようもない。それはまず自分の文化を知ることであり、地球上のどこに行っても、その土地の文化、歴史を十分に理解し評価して、対等の立場で議論ができるという、そういう人なのだろうと思います。だから別に、英語ができるから「グローバル人材」ということでは全然ないということを声を大にして言いたいし、中嶋先生もそういう立場でした。そこで最後に、「グローバル人材」の育成教育、日本で育てるのに、これからどういうところに一番力を入れていくべきなのかということについてご意見を伺います。

荻上：グローバル人材を育てるのには、幅広い教養を身につける、これに尽きると思います。私も「グローバル人材」育成の関係の審査を長年やっていますけれども、大学から出されてくる申請の中には、英語力を高めさえすれば良い、というようなものがかなりあります。英語力がついて、英語ペラペラで中身がない、というのは最悪です。まず幅広い教養を身に付ける。私はこれに尽きると思います。

小野：私自身、グローバル人材育成教育学会をつくって、学会の全国大会や支部大会で学生発表の機会を増やしました。学生さんたちが海外で経験してきた

体験に基づいた発表を聞くと、大学の先生が授業の中で言葉だけでいろいろと言って理解させるよりも、海外で現地の学生との交流の体験を通して、「日本人としてもっと日本を知らないといけない」とか「教養をもっと身に付けないといけない」「もっと英語を勉強したい」とか、自分が大学生のうちに身に付けることは何かということに気付く学生が多いことからも、短期間でも良いから、積極的に学生を海外に出して、自覚する機会を増やしてあげることが非常に重要ではないかと考えます。

亀山：私は大学で学生たちには「英語プラスワン、政治、アートをものにできたら、君たちは世界をものにできるよ」と言っています。その場合の「アート」というのは政治とか文化に対する関心です。すべてを知ることはできないので、ある種の興味の中心のようなもの、ここは自分は強いというものを持つことです。海外に行ったときに、向こうの人たちから、ある深みを持った芸術的な知性と、政治に対する敏感な目というベーシックな学びをすることで、「グローバル人材」に近づいていくのではないかと思います。

友野：皆さんがご指摘されたところと一緒で、「総合人間力」ということかなと思います。民間の経験から fact を申し上げますと、もう、私どもの会社もそうですが、世界を股にかけて行ったり来たりと、海外経験、実務経験がないと部長にはしない、なれないという時代になっています。もう一つの事実は、海外を含めて英語を使って、「きちんと」とは言いませんが、そこそこ仕事ができるという点で、やはり理科系の方が強いですね。技術系は言葉以外にコミュニケーションのツールがあります。図面だったり、マニュアルだったり、方程式があったり、と。それに対し、文科系の大学を出てきた人は、そこで苦労しています。経理とかそういう具体的なツールがある者は、そこそこできる。ところが総務とか人事、労務とかいう人は言葉で理解してもらわなければならないから、非常に苦労していますね。

　そういう fact に基いて、何が望ましいかと言えば、やはり適応力というのが一番に来ると思います。それを支えるのがコミュニケーションの力です。これは何も英語に限らない。同じ目線で異文化を許容して、ツールとして、言葉

として英語あるいは現地語が多少分かればいい。これをまとめれば総合人間力と言えるし、その一番根源のところは適応力です。

　したがって、大学でやってもらったら有難いのは、インタラクティブ（双方向）な講義です。そこでは、diversity（多様性）、つまりいろんな人が入っていて、debate（討論・論争）になるのがいい。黒板に書いたことをノートに書き写すだけの授業は最悪です。ただし、全科目でそれをやる必要はない。例えば事務系だったら半分くらい、理科系だったら3、4割、他のツールもありますから。インタラクティブな、debate主体の講義を、一部は日本語で、一部は英語で、ということになるかと思います。

勝又：ちょうど時間になりました。大変有意義な話をありがとうございました。

(完)

閉会のあいさつ

伊藤　努／中嶋洋子

　本日は、「大学教育改革のあり方：グローバル人材の育成にどう取り組むか」をテーマとする長時間にわたる公開フォーラムでの勝又美智雄氏の基調講演をはじめ、現役の大学教員３氏の事例報告、さらには中嶋嶺雄先生と生前ゆかりのある方々４氏による「大学改革とグローバル人材の育成を考える」と題するシンポジウムを、会場の皆さまには熱心にお聞きいただいたほか、活発な質問も出され、充実した議論ができましたことを主催者として深く感謝申し上げます。

　長く報道の現場で仕事をしてきた者として、今回の中嶋嶺雄研究会の第１回公開フォーラムを記事にいたすとすれば、大変いい記事が書けるのではないかと思った次第です。

　本日のフォーラムでの開会のあいさつでも申し上げました通り、中嶋先生は研究者として、大学教師として、あるいは大学の経営者、さらには音楽や絵画、登山などさまざまな趣味をお持ちの文字通りの教養人であるなど「多くの顔」をお持ちでおりまして、今回のフォーラムで取り上げました「グローバル人材の教育」といったテーマに続いて、今後は現代中国論、国際関係論など中嶋先生が専門とされた学問分野や芸術、教養といった事柄に関連するテーマでもフォーラムを順次開催し、先生の名前を冠した研究会の活動を続けていく計画でおります。今後ともよろしくご支援、ご指導を賜れば幸いです。

　閉会あいさつにはこの後、私が長年にわたり大変尊敬しております中嶋洋子先生にも皆さまに一言ごあいさつをお願いしております。

　中嶋洋子です。
　一言お礼を申し上げます。
　他界した中嶋嶺雄はずっとあの世で寝ぼけていたでしょうが、きょうは朝か

らすばらしい討論やお話を聞いて、目が覚めていたのでないでしょうか。
　しかし、時間ですから、またあの世に戻ってもらいます。
　皆さま方、本日はこのようなフォーラムにご参集いただき、ありがとうございました。

中嶋嶺雄著作選集の刊行に当たって

(第1巻 序文)

　秋田に国際教養大学を創業した中嶋嶺雄は、半世紀に及ぶ現代中国研究で第一級の成果を挙げる一方、東京外国語大学学長（任期は1995～2001年）を務める前から「大学改革」の先駆者として日本および世界中を駆け回っていた。本人は心身ともに並外れて頑健であることを自負していたが、2013年2月14日、秋田の病院に入院中に肺炎で急逝した。享年76歳。今日ではいかにも早すぎる死であった。身近に接していた者の目から見れば、原稿の執筆、講演から大学の雑事まで、何事も手抜きせずに超過密スケジュールをこなし続けていた結果の「過労死」であり、それも「国際競争力の高い日本一優れた大学をつくる」ことに心血を注いできた途上の「殉職」としか思えなかった。

　中嶋が生涯に出版した著作は119冊、新聞雑誌類への寄稿、対談・座談会記事は5千件を超える。20代で論壇にデビューして以来50年間、ほぼ毎年2冊のペースで本を出版し、年に100回以上、つまり毎週2回は講演やマスコミのインタビューに応じる生活が続いていた。その作品数は学者・研究者としてはほとんど前例がなく、まさにベストセラー作家並みの「生産量」だった。
　この著作選集（全8巻）は、東京外国語大学・中嶋ゼミ（1966～95年）のOB有志が集まって、その膨大な著作類の中から、特に後世に残すべきものを厳選して、より多くの読者に中国を、国際関係を、さらには教育問題を考える上での指針となるように編集した。

　まず第1～3巻は、1949年に誕生した中華人民共和国の今日までの激動の変化を「客観的でリアルな認識」に徹した目で鋭く分析した成果を示した。とりわけ1960年代から70年代にかけて、毛沢東中国が日本の論壇、マスコミ

にこぞって礼賛される中で、毛沢東思想の問題点を実証的に批判し、さらに文化大革命の実態が「人類の歴史の中の偉大な実験」などと賞賛されるものとは全く異なり、中国共産党内部の熾烈な奪権闘争であることを解明した点は、論壇に大きな衝撃を与えた。その後も89年の天安門事件を経て今日の習近平体制に至るまでの中国の内部矛盾を一貫して冷静に摘出し続け、その綿密な分析と大胆な予測は今日まで通じるものが多く、現代中国研究の第一人者と高く評価されてきた。

　第4〜6巻は中国を取り巻く環境としてソ連（ロシア）、香港、台湾を中心にした東アジア地域研究の成果を示し、それらを踏まえた独自の国際関係論を紹介する。それは中国研究を核にして、同時にロシア、モンゴル、朝鮮半島、東南アジアからチベット、インド、さらには中東、東欧、西欧、オーストラリア、アメリカまで実際に自分の足で歩き、自分の目で確かめたことを基に、綿密な地域研究を通して新しい国際関係論を樹立していく過程でもあった。

　第7巻は中嶋の教育者、大学改革者としての姿を紹介する。特に1990年代以降、国際社会がグローバル化する中で、日本の大学が「知の鎖国」状態を続けていることに危機感を募らせていた。21世紀に入って間もなく秋田県の要請を受けて丸2年間かけて準備を進め、2004年春、全国初の公立大学法人、国際教養大学を創設した。そこで年来の夢であった「グローバル社会で活躍できる人材の育成」に情熱を傾け、開学からわずか10年間で「秋田の奇跡」と言われるほど目覚しい成果をもたらした。

　最後の第8巻は、中嶋の人柄を多面的に示す作品を集める。中嶋は生まれ育った長野県松本市をこよなく愛し、信州人であることを大きな誇りにしていた。同時に小学校から習い始めたヴァイオリンを終生離さず、音楽を単なる趣味ではなく「生きる糧」と意義付けていた。さらに中学時代に水彩画が県展に入賞して以来、国内はもちろん世界中を旅する際には常にスケッチブックを携え、寸暇を惜しんでは素描していた。中嶋は常日頃、「グローバル人材」とは世界を舞台に活躍するだけでなく、自分の関わる地域の良さを国際的な視野の中で発見し、地域に根ざした活動を世界水準（グローバル・スタンダード）に見合うまで質を高め、それを世界に発信できる人間を意味する、と語っていた。それはまさに中嶋が生涯を通じて実践してきたことであり、彼こそが真の

「グローバル人材」であり、誠の「国際教養人」であったことを如実に物語っている。

　本著作選集に収録するのは中嶋が生涯に書き残した文章の１割にも満たない。この選集を読まれる人たちにはぜひ、さらに中嶋の豊かな作品群に接していただきたい。そのためのガイドブックとして「中嶋ゼミの会」は 2014 年秋、「中嶋嶺雄著作目録」（簡略版）を作成した。国立国会図書館のデータを基に、A4 版 80 ページで著作類と主要論文、座談会など全 557 件の作品を紹介している。現在、ゼミの会は「著作目録」の完全版を編集中で、その作品リストは軽く５千件を超すことになるはずだ。

　古人の言に「人は二度死ぬ。一度目は本人が亡くなるとき。二度目は本人を知る人たちから忘れ去られるとき」とある。記憶は、それを持つ人たちがいなくなったときに消滅する。」中嶋自身もそれを最愛の両親をはじめ多くの親しい人を失って痛感していたからだろう、「何より書き残すこと。特に活字の記録は世紀を超えて残る。数百年後、千年後の人たちがここにこんな生涯を送った人間がいた、と再発見してくれることが歴史をつくる」と語っていた。

　中嶋のすさまじいばかりの著作量は、まさに後世に書き残すための情熱の産物であり、その残された著作の中から、まずは恩師の記憶も鮮やかな私たちが選び、広く世に問うことにした。この選集によって、中嶋の半世紀に及ぶ「持続する志」が鑑となり、学問研究分野でも教育改革の分野でも、次世代に継承され、さらには「グローバル社会」での個人としての充実した生き方を読者に促すことにつながるなら、私たち編集委員会の大きな喜びとなる、と考えている。

2015 年初春

『中嶋嶺雄著作選集』編集委員会

中嶋嶺雄著作選集［全8巻］

中嶋嶺雄著作選集編集委員会［編者］

- 第1巻――「現代中国像の原点」
- 第2巻――「逆説の文化大革命」
- 第3巻――「裏切られた民主革命」
- 第4巻――「北京・モスクワ秘史」
- 第5巻――「香港・台湾への視座」
- 第6巻――「国際関係論と地域研究」
- 第7巻――「大学教育革命」
- 第8巻――「教養と人生」

◆好評発売中

A5判●縦書●上製●本体三、八〇〇～四、五〇〇円
セット特価 三〇、〇〇〇円（税・送料込み）

中嶋嶺雄（なかじま・みねお）

1936年長野県松本市生まれ。1960年東京外国語大学中国科卒。国際学修士（東京大学1965年）。社会学博士（東京大学1980年）。東京外国語大学教授。東京外国語大学学長（1995-2001年）。アジア太平洋大学交流機構（UMAP）初代事務総長（1998-2006年）。国際教養大学初代理事長・学長（2004-2013年）。2013年2月14日、秋田市の病院で死去。従三位、瑞宝重光章を受章。

国際教養人の軌跡
——中嶋嶺雄著作選集の完結に当たって——

編集委員会代表　国際教養大学名誉教授　**勝又美智雄**

　現代中国研究の第一人者で東京外国語大学学長・国際教養大学学長として高等教育改革に尽力した中嶋嶺雄先生（1936～2012）が亡くなったのが2013年2月14日のこと。それから早くも3年半が経ちました。その偉業を後世に語り継ぐよすがに、と著作選集の刊行を思い立ったのが同年春です。まずは最後の丸14年間、国際教養大学の中身づくりから大学の開学・運営を通して身近にいた私が呼びかけ、東京外大中嶋ゼミの後輩たちと「追悼集」を作ることに着手し、先生の生まれ故郷・信州松本と東京での「お別れの会」に列席する人たちに配布することができたのがきっかけでした。

　中嶋先生が半世紀にわたって残された著書・編訳書は全部で119冊に上ります。著書に収録されなかった雑誌類への寄稿も国立国会図書館で拾えるものだけで500件以上（新聞は含まない）で、それをもとにゼミ仲間の協力で「著作目録」（簡略版。A4版、80ページ）が2014年11月に出版できました。それに先生が頻繁に登場した新聞、ミニコミ誌などへの寄稿からラジオ・テレビ出演などまで含めると、先生のメディアへの登場件数はざっと5千件に達する見込みです。

　それらをチェックしながら、後世に残すべき優れた作品群を大まかに分類し、全8巻に精選して編集し、それぞれの今日的な意義を解説することにしました。収録作品は全著作の1割にも満たないものですが、いずれも今日の中国をはじめ東アジア全体、日本の教育などについて考える上で重要な示唆を与え、日本の進むべき方向の指針になるものばかりだと編集者一同、確信しております。

　選集は第1巻『現代中国像の原点』と第4巻『北京・モスクワ秘史』が2015年4月に刊行されると同時に、いくつかの新聞雑誌に好意的に取り上げ

られ、同年6月の第7巻『大学教育革命』まですべて全国図書館協議会の推薦図書に選定されました。続いて第5巻『香港・台湾への視座』が同11月、第2巻『逆説の文化大革命』が2016年3月、第6巻『国際関係論と地域研究』が同年5月、第3巻『裏切られた民主革命』が同年9月、そして最終の第8巻『教養と人生』がこの10月に刊行される運びとなりました。

　編集委員たちは皆、現職の大学教員で様々な役職をこなしていて、本業できわめて多忙な人たちばかりであり、それが事実上の、完全なボランティア活動として編集・執筆に取り組んでくれたことに委員会の代表として、深く感謝している次第です。しかも、少しでも内容のいいものを期するあまり、各巻に収録する作品群の選定から解説文については編集委員会内で厳しく査読し、何度も推敲を依頼して改稿を重ねました。その結果、その解説も、それぞれの編集担当者の個性を十分に生かしつつ、内容的に相当、質の高い」ものができたと編集委員会一同、自負しております。

　そうした編集作業を通じて、改めて中嶋先生の76年の生涯を振り返ってみると、実に20代半ばから丸50年間、現代中国の全体像を捕まえるという大きな望みを持ち続け、しかもそれを常にマスメディアを通じて世界に発信し続けてきました。その旺盛な執筆活動は、驚嘆に値します。それは先生が自分の研究成果を書き残すことが、自分の生きる証だ、と考えていたからに他なりません。

　世の中には自分がいかに優れているかを吹聴する「口舌の徒」は実にたくさんいます。だが自分の考えを活字にして残すことは、同世代の人たちだけでなく後世の人たちの検証、批判にさらされるわけで、それだけ書くことに対して慎重にならざるを得ません。口で大言壮語する人は、あとで批判されると、「いや、私の真意がよく理解されなかった、曲解されただけ」などと、いくらでも言い繕い、その場をごまかすものです。そうした例を、私たちは数え切れないほど、身近に見てきました。そして、そういう「大言壮語」派に何度も幻滅し、人間としての信用を疑ってきました。

　その点、中嶋先生は、いかなる場面でも決して「大言壮語」しないで、冷静に判断して、慎重に発言していました。そして書くものではきわめて大胆に自

説を展開し、毛沢東の政治思想、政治行動にしろ、文化大革命の解釈にしろ、自分の専門分野に関しては、どんな大家、権威者に対しても、まさに遠慮なく、歯に衣を着せぬ形で率直に批判してきました。

そこで興味深いのは、先生が批判するのは相手の考え方や理論、結論であり、決して人間として欠陥があるとか、性格的に問題だとは見なさなかったことです。むしろ論争相手の人格を尊重し、相手の生き方に十分な敬意を払っていたことです。例えば、文化大革命の評価をめぐって最も激しい論争相手だった安藤彦太郎氏や新島淳良氏に対しても十分、尊敬の念をもって真摯に接していたため、両氏からも決して強い反感を抱かれなかった、ということです。

中嶋先生に身近に接した人たちの中嶋観の第一は、彼が誰に対しても心優しい紳士で、人に頼まれたこと、期待されたことは決しておざなりにせず、最大限の誠意を持って応えようとしていた、ということです。しかも人間に対する洞察力が豊かで、相手の個性も考えながら、その人のために自分にできることは何かを考える人でした。そうした人間的な魅力に溢れた人だったことは、この選集の第8巻で、よくうかがわれることと思います。

第8巻に収録した年譜を作成しながら、つくづく感じたことは、30代のころから70代まで、ほぼ毎年、数回は海外を駆け巡っており、それをすべて年譜で網羅しようとすると、分量的に倍近くなってしまう、ということでした。それほど頻繁に海外に出かけるということは、国際シンポジウムや講演に招かれる機会が多かったということでもあるし、自分から、積極的に機会をつくっては、効率的に飛び回る。それは自分の専門分野が地域研究である以上、現場に足を運んで、その土地の歴史的な風土、文化、住民たちの感覚をしっかりととらえ、実感することが何よりも重要だと考えていたからに他なりません。それが先生の論文、評論の説得力を生み出す大きな原動力になったのです。

しかもそうした調査旅行の都度、寸暇を惜しんではスケッチをし、美術館巡りをし、劇場やコンサートホールを訪ねて音楽を楽しむことを忘れない。そしてそうした体験をしっかりとメモし、あるいは記憶に焼き付け、余技のエッセイとして記録しておく。こうしたことを自分の生活の中の大切な部分として組み込み、実践していく――それが中嶋嶺雄の人生だったのです。それこそまさ

に「国際教養人」のモデルと言えるでしょう。

　それほど多彩な、カラフルな人生を送った中嶋先生は、おそらく常人の3倍から5倍の密度の濃い人生を送った、と言えると思います。

　この著作選集は、そうした稀有な、文字通り類まれな才能と資質を持ち、それをフルに発揮した学者・研究者であり、人生の達人でもあった「国際教養人」の足跡を示すものです。それは後に続く我々に対して、限りなく知的刺激を与え続けるものとして再読、三読に値する作品群であると、私たち編集委員は信じております。この選集が広く読み継がれることを願ってやみません。

> テーマ
>
> # 各巻解説者による座談会
> ——中嶋嶺雄著作選集の意義と私たちが引き継ぐもの——

出演者
　　　　　　　　　第 2 巻（国際教養大学教授）　　濱本　良一
　　　　　　第 4 巻（拓殖大学海外事情研究所教授）　名越　健郎
　　　　　　　　　　第 5 巻（日本大学教授）　　　　曽根　康雄
　　　　　　　　第 6 巻（東京外国語大学教授）　　　渡邊　啓貴
　　　　　　　　第 8 巻（早稲田大学准教授）　　　　中嶋　聖雄
司　会
　　　　　　　第 7 巻（国際教養大学名誉教授）　　勝又美智雄

勝又：では始めます。全 8 巻ですから、本当は 8 人なのですけれども、第 1 巻を編集した井尻秀憲さん（東京外大教授）、第 3 巻を担当した松田康博さん（東京大教授）は残念ながら出張などで欠席です。それと、今日出来上がったばかりで、先ほど皆さんのお手元にお配りした第 8 巻を編集した中嶋先生の息子さん、聖雄さんはこの時間、早稲田大学での講義があり、遅れて参加します。プログラムでは第 1 部は「パネル討論」となっていますが、ざっくばらんに気楽に話し合うという意味で、「座談会」にしました。私、勝又が司会をします。

　まず最初に選集の各巻を編集し、解説を書いた私たちがそれぞれ中嶋先生とどういう関わりを持ったかを話してもらいたいと思います。

　先に私から言いますと、1967（昭和 42）年に東京外語大英米語科に入って、1 年生の夏休み明けに中嶋先生の一般教養科目「世界史」の授業で課題図書の読後レポート「バランス・オブ・パワー（力の均衡）論」を書いて出したら、先生から「3, 4 年生の演習ゼミでちょうど同じテーマをやっているから出席しなさい」と言われたのがきっかけで、以来、在学中、ずっと中嶋ゼミに出入りしていました。卒業後、新聞記者になったのですが、ゼミの万年幹事長のような感じでいて、今でも中嶋ゼミの代表をやっております。

そういう縁で、先生が亡くなった後、著作選集をつくることを提案したら、皆さんが賛同してくれて、2年かけて無事に全巻揃いました。今日お配りしている最終巻の第8巻の奥付をご覧になると分かりますが、発行年月日は今日の日付です。ギリギリで間に合いました。当初予定の1年半より遅れた理由は、索引づくりに相当時間がかかったためです。最初は事項索引も入れる予定でしたが、やってみると膨大な時間がかかったため、その整理にまだあと1年はかかりそうだということで、諦めて、人名索引だけにしました。それでようやく今日に間に合い、正直なところ、ホッとしているところです。では、登壇している編集責任者から、中嶋先生との関わりを一人2～3分でお願いします。

濱本：濱本です。よろしく願います。中嶋先生との関わりをお話しする前に、今回、桜美林大学北東アジア総合研究所の川西重忠所長はじめ関係者の皆さんに、『中嶋嶺雄著作選集』（全8巻）が2年半ぐらいで無事、完結したことに感謝を申し上げたいと思います。勝又さんから紹介がありましたように、すべての巻末の解説はゼミ時代の教え子が書きました。たまたま皆、大学に勤めておりまして、肩書は大学教授になっております。専門分野は皆バラバラですが、何度も集まって会議をし、各巻のタイトルと、英語のタイトルも含めて、決めていきました。本文はすべて日本語ですが、表紙には、英語のタイトルも入れています。最終の第8巻は「Liberal Arts and My Life」としています。きちんとネイティブのチェックも入っております。細かいところも皆で色々話して決めたわけです。中嶋先生の処女作である『現代中国論』など、もう40年以上も前に読んだのですが、今回、改めて読み直しました。手元の書棚にない作品はアマゾンで古本を買ったりしました。

　中嶋先生にはゼミで2年間お世話になりました。私の専門は現代中国。卒業して読売新聞社に入りまして、北京や上海、香港に駐在し、現代中国をずっと追い続けて、先生のお世話で今、大学に転職して教えています。

名越：第4巻の「北京・モスクワ秘史」を担当した名越と言います。僕は拓大で教えていますが、秋田の国際教養大でも非常勤で教えていまして、いわば

二刀流です。中嶋先生は学者と大学経営者の二刀流で巨大な成果を上げましたが、今は大谷翔平のように、二刀流の時代です。僕の場合、どちらかというと秋田の国際教養大学の方に貢献しているのではないかと思うのは、時事通信の仙台支社長をやっていた 2010 年に、中嶋先生から「秋田と仙台は近いから教えに来い」と言われまして、実際には 5 時間ぐらいかかるのですが、ロシアについて教えるようになりました。

　その際、「君には、教育は期待していないけど、秋田の活性化を考えてくれ。このままでは、秋田は死んでしまう」と言われました。色々考えて、濱本氏らと相談をして、秋田犬を利用するしかないのではないかという結論になりました。秋田県はあまり関心がなかったのですが、今、秋田犬が世界的なブームになり、県もようやくその有効利用を進めています。大館市には 10 億円近く使って、秋田犬ミュージアムが建設されますし、色々なイベントに秋田犬を利用している。秋田犬が秋田の救世主になるのでは、という気がします。中嶋学長も秋田犬を AIU の"ゆるキャラ"にしたり、キャンパスで飼うことも検討していました。中嶋学長の遺言の一つは、「秋田の活性化」でした。秋田は小中学校教育が日本で一番進んでおり、教育も売り物になる、ということも学長は提案していました。

勝又：補足しますと、名越さんの提案をきっかけに秋田県知事がロシアのプーチン大統領に秋田犬を送ったのです。プーチンの方からは、佐竹知事と奥さんが猫を大好きなものですから、シベリアのアムール猫が、お返しに贈られてきました。そういうイヌネコ外交の仕掛け人が名越さんです。実は国際教養大学でも中嶋学長の提案で、秋田犬を飼うことを検討して、私が秋田犬保存会の責任者たちに相談しましたが、「秋田犬は主人を一人しか持たないし、その主人に絶対的に忠実なのが特性だから、大学などでいろんな人が共同で飼育するのは勧めない」と言われて断念した、という経緯もありました。

曽根：第 5 巻の「香港・台湾への視座」を担当しました曽根と申します。今、日大で中国経済を教えているのですが、中嶋先生のもとでマスター（修士号）まで取って、その後、野村総合研究所という民間企業に入りました。そこで

20年間勤務したのですが、そのうちの11年間は香港に駐在して、中国と香港を研究したということで、今回担当させて頂きました。今登壇している5人の中で一番若いです。勝又さんは大先輩で、中嶋先生とは兄弟分みたいな立場の方ですが、私はむしろ中嶋先生のお子さん方と同じ世代です。私が学部4年の時に中嶋ゼミの研修旅行で初めてヨーロッパに行ったのですが、その時に先生の親族の方も何人か参加されておりまして、今日いらしている長女の科野(しなの)さんが、その時は中学生でした。先生は私にとってちょうど親の世代であって、偉大なる先生で近寄りがたい存在であったのですが、その20日間ぐらいの旅行で、先生のご家庭でのお父さんとしての姿というのも見させて頂きました。

　日本に居る時は、お正月に先生の所に家族でお邪魔していたのですが、息子が小学生の時に「バイオリンをやりたい」と言い出しました。先生からスズキ・メソードのことを聞いていたので、才能教育研究会の教室に通わせて頂きまして、そこでバイオリンのレッスンを受けました。先生が才能教育研究会の常務理事をしていた時のグランドコンサート（全国大会）では、うちの子供も一緒に演奏させて頂きました。そういう意味では親子2代で中嶋先生にお世話になったということでございます。

渡邊：第6巻を担当させて頂きました東京外国語大学の渡邊と申します。今回、私は全8巻が完成して本当に嬉しく思っており、お礼を申し上げます。3年前ぐらいの冬でしたね、モスクワで川西先生にばったりお会いして、ちょうど中嶋先生のお話が出てきたので、今、選集の出版を我々は考えているのだと言ったら、すぐに「うちで出させてください」と言ってくれました。大変嬉しかったのですが、全8巻というのはリスキーかな、と不安もあり、私の方で2カ月ほど置いておいたのです。それで中嶋学長の奥様にお話しし、勝又先生にお話ししたら、話がとんとんと進みました。中嶋先生が大学セミナーハウスの理事長をお辞めになり、それを桜美林大学の佐藤東洋二総長がお継ぎになられたのも、いいきっかけでした。後は勝又先生が全面的に頑張って頂くということで、全体の編集及び今日までの3年間、大変だったと思います。おかげで、統一がとれた選集になったと思います。それが今回の選集が出来た起源です。

私自身、フランスとかヨーロッパを専攻にしております。大学1年の時に中嶋先生が国際関係論という講義を持っていらして、必修科目だったのですが、中国やアジアの話が多いのですね。私は2年生までヨーロッパよりもアジアの国際関係論の方が詳しかったです。ただ、1年生の時の夏休みの課題図書に『現代中国論』という先生の処女作が挙げられ、1年生にはハードなものでしたが、一生懸命読みました。そして大変感動致しました。そこには毛沢東という人物に対するリアルな人間観察があるように思いました。またそれは私が共鳴出来る点が極めてたくさん含まれているような気がしました。『国際関係論』（中公新書）も先生御自身の人間観察本として私は読みました。先生の社会・人間観察のリアリズムに感激致しました。

勝又：どうもありがとう。その『現代中国論』を収録している第1巻について、担当した井尻さんが欠席なので、私が代わりに説明します。この本が出たのが1964年です。先生が28歳という若さでこれを書いたというのが、当時、話題になりました。文化大革命が始まる直前ですけれども、その頃、学界も論壇も、毛沢東中国を批判するようなことは事実上タブーだった時期です。東大、早稲田大を筆頭に、ほとんどの大学の現代中国研究者たちは中嶋先生の本に批判的でした。それが主流だったのですね。ですから、文化大革命が始まると、圧倒的多数の中国研究者は「歴史的・文明史的な偉業であり、人類史上稀にみる思想的な大実験である」などと思い入れたっぷりに持ち上げ、礼賛しました。

ところが中嶋先生は、色々な新聞や資料を入念に分析する中で、これは毛沢東が共産党内で窮地に陥って、その権力を取り戻すための奪権闘争として仕組んだ大衆運動である、ということをほぼ最初に指摘したのです。その意見は当時、本当に少数派でしたけれど、段々、実はその通りだったということが後から判明してきたわけです。その点、研究者としての中嶋先生は、出発時点から自分の研究成果がジャーナリスティックなものであり、かつ、社会的インパクトの大きなものであることを否応なく意識していたと思います。

それが彼の学者としてのスタートであり、今から3年前、2013年の2月に亡くなる直前まで、常に強調していたのは「国際関係、中国研究には特に冷静

で正確な事実分析、リアルな認識に徹することが重要だ」ということでした。その点は半世紀に及ぶ学者生活で少しもぶれることがなかった。主義主張を変えることなく、常に堂々と一貫して、日本政府の中国におもねる姿勢、外務省の「位負け外交」ぶりを厳しく批判し続けたわけです。

　その学者としての使命感の原点となる記念碑的な作品が『現代中国論』で、これがすごいのは、1971年にハードカバーで増補版を出すのですが、64年の初版本をそっくりそのまま写真印刷して、一字たりとも変えずに、その後の新しい動きを分析した章を加えただけだった、ということです。つまり研究者として自分が64年に書いたことから視点も分析内容も一つも変わっていない。修正も書き直しも必要としない、というところに強烈な自負と自信がうかがえます。後で判明する事実から照らしても、彼が書いたことがほとんど間違っていなかった、という予言性までも強く持てたということです。その意味で、非常に貴重な本だと思います。この第1巻では、井尻さんが非常に的確な解説を書いていることを申し上げておきます。

　では次に各巻の編集に当たって、編集者の皆さんがどういうところに注目したか、解説を書くに当たって苦労したか、ということを思いつくままに言ってください。それぞれ3分ぐらいでお願いします。

濱本：私は第2巻「逆説の文化大革命」（The Paradox of the Great Cultural Revolution）を編集させて頂きました。中嶋先生は、76年間の人生の中で119冊の本を書かれております。論文は5000点ぐらいあるようです。第2巻は1960年代の第1巻の処女作が上梓されて以降、文化大革命が起きた1966年から76年あたりまでを主にカバーしています。今年（2016年）は文革終結40周年ということで、新聞・雑誌で特集記事を組んだりしています。とにかく1980年代初頭まで、文革に関してたくさんある著作の中でどれを選ぶか、とても苦労しました。

　そこで気づいたことは、著書と言っても数年たってからの「書き下ろし」はほとんどなく、全部、事態の変化と同時進行的に雑誌等に毎週、毎月のように発表した文章をまとめていたことです。第2巻に収録した「毛沢東　北京脱出の真相」は、1967年に月刊「中央公論」に先生が31歳の時に書いたもの

です。これを改めて読んでみますと、400字詰め原稿用紙で120枚ぐらいあった。今、月刊誌で一本の原稿で120枚も書くなんて恐らくないと思うのですけれど、あの時代はあったのです。これを読み返してみると、私もジャーナリストを30数年やりましたが、筆致が実にビビットなのですね。すごい筆力です。非常にダイナミックで臨場感に溢れています。

　それと、当時は東京から中国には直接入れなかった。羽田から香港に飛び、深圳から広州―北京というルートなわけです。先生がどうして中国に入れたかというと、読売新聞の取材団の一員だった。しかし、東京外大の教員になって間もない頃で、国立大学教員は国家公務員ですから国交のない中国に入るのに審査が厳しくて、文部省や外務省といろいろ交渉しているうちに、取材団と一緒に行けず、遅れてしまい、追いかける形になった。しかし、それが却って良かった。一人で自由に行動できたからです。羽田に戻るまで62日間あり、そのうち大陸にいたのは22日間、残りの40日間は香港に滞在していた。この時の体験が、その後の中国を見る上で、香港や台湾まで幅広く視野に入れ、大陸中国を相対化していく、という中嶋先生の基本的なスタンスが香港で得られたのではないでしょうか。

　それと当時の香港には日本人で相当の中国通がたくさんおり、中国人でも大陸を冷静かつ批判的に見る人たちが多く、さまざまな情報が飛び交っていた。そういう人たちから情報を集め、意見交換する中で、確認作業ができた。そのために40日間香港に滞在・調査を続けたのだと思います。その後、香港は返還され、さらに20年近くを経て今ではかなり変質してきましたが、中国の情報が集結する場であるという事情は続いています。

　もう一つの代表作である『文明の再鋳造を目ざす中国』（1984年刊）は、毛沢東の死後、鄧小平の「現代化」政策で市場経済が導入され、中国が急速に変貌を遂げて来る時期に当たります。それが数千年に及ぶ中国の長い歴史の中で、どういう位置づけになるのか、本来あるべき国の姿は何なのかを、懸命に考えて模索した優れた作品です。それが選集第2巻の最後に収録した評論「中国よ、今こそ文化大革命を」（1980年）という逆説的な提言につながった。

　先生は本のタイトルにも非常にこだわった人です。評論集『北京烈烈』の「烈烈」は当時の論壇に相当なインパクトを与え、その後、似たようなタイト

ルを付けた本がたくさん出ました。とにかく当時の先生は大量の評論、論文を書いておられたので、どれを選集に入れるか、どこを削るか、一番苦労したところです。

勝又：確かに大変な生産量ですね。先生が亡くなってから、中嶋ゼミの若い人たちが国立国会図書館のデータベースを基に「中嶋嶺雄著作目録」（簡略版）を作成してくれたのですが、そこに掲載されたものだけでも500本以上ありました。ただし、これには新聞の寄稿や対談、座談会、あるいは国会図書館に収納されていないミニコミ誌などへの寄稿は一切入っていません。テレビ、ラジオの出演などまで含めると、軽くその10倍の5千件ぐらいに上るだろうと私たちは推測しています。もしその完全目録を作るとすると、相当分厚いものになってしまうということで出版化は考えず、今、濱本さんたちが中心になってインターネット上に載せる「デジタル・アーカイブ」の作成を進めているところです。

では、次に名越さん、苦労したところを中心に。

名越：第4巻は『中ソ対立と現代』という中嶋先生の東大での学位論文を収録しました。第1巻の『現代中国論』は東大の修士論文でした。この『中ソ対立と現代』が書かれたのは1978年で、中ソ対立が深刻だった頃です。この時に中ソ対立の起源と最新情勢の分析をし、対立の起源が朝鮮半島と中国東北地区にあった、という地政学的な見方を鮮明に打ち出した。また、将来の中ソ和解も見通していました。それが結構、衝撃的で、全国紙全てが書評で取り上げました。それだけ優れた作品で、中嶋先生の代表作の一つであると思いますね。今でも中ソ対立の分析でこの本を凌ぐ作品は出ていない。まさに古典になっています。先ほど濱本先生が言ったように、1970年代は中嶋先生が研究者として一番忙しい時です。それにこの作品は、第1巻に比べて文章が格段に上手になっている。エンターテイメントというか、謎解きの面白さもあって、読者をぐいぐい引っ張っていく力があります。博士論文というのは大体、全然面白くなく、誰も読みませんが、この作品はとても面白く、ベストセラーになったのです。本人と審査員しか読まない文科系の博士論文は、あまり意味

がないと思います。先生はそのことを身をもって立証したと思います。

　それともう一つ、第4巻には「モスクワ＝ウランバートル＝北京」という1975年の紀行文を収録しました。これもおそらく先生の代表作の一つではないかと思います。それは1970年代当時、モスクワから、ほとんどの日本人が足を踏み入れていないモンゴルを中継点に、北京まで鉄道で横断するという体験をして、中ソ対立の現場を直接見ながら考察した。先生のジャーナリスティックな側面と研究者としての姿勢が如実に集約されていると思いました。

勝又：ありがとう。また補足しますと、名越さんは東京外語大のロシア語学科を出て時事通信社に入って、ロシア事情について第1級の記者で、極めて豊富な情報を持っている人です。

曽根：第5巻の『香港・台湾への視座』をまとめるに当たって苦労したことは、香港・台湾を対象とされた単著があまり多くないことでした。1985年に時事通信社から出版された『香港　移りゆく都市国家』という非常に大きな本がありますが、その中には経済制度、金融制度を解説する部分が多く、この1冊を選集の中に入れたら、あまり面白くはないのではないかと感じましたので、私は大胆に、先生が書かれた様々な著作を一度分断して、再構成する形で編集しました。先輩たちからは「これを入れろ」「あれを入れろ」と色々な注文が来て、それにも相当苦労したのですが、おかげで自分としては納得するものが出来たのかなとは感じております。

　大きなフレームワークとして、先生は「3つの中国」というキーワードを使われています。先生は1993年に『三つの中国』と題する著書を出しているのですが、実はこの「3つの中国」という概念は既に1967年に「香港の反英暴動」という非常に長い論文で出しているのです。先ほど濱本さんが、先生の香港での体験をお話しされましたが、文革の取材の過程で香港でも暴動が起こったわけですね。その調査のために9月に8日間、香港に滞在され、そのわずか8日間の調査でこの論文を書いたということに、私は読んで非常にびっくりしました。この論文を読めば、香港を通じた中華世界全体に対する問題意識がほぼ全て含まれていることが分かります。

それからさらに私が驚いたのは、当時の中嶋先生はエコノミストでもあったということです。香港の経済事情を克明に調べて、きちんと整理して分析されている。その上で、同じ中国と言っても、大陸中国と台湾は違うし、香港はさらに違う、3つ目の中国だろう、というアイデアを打ち出された。実は、その「3つの中国」というフレームはずっと21世紀に入っても変えなかった。最初の香港体験で、そこまでを見通して、それに基づいて研究を続けられたのは、中嶋先生だからこそ出来たことではないのかというふうに感じております。

また台湾についても、単独に書いた本はないですね。そこで雑誌論文の中から探して、この第5巻にまとめました。先生は30代の終わりに『逆説のアジア』（1976年）という評論集を出されました。モンゴルから朝鮮半島、東南アジア地域の紀行文が中心で、「これは私の中国研究の副産物だ」と「あとがき」で書いているのですが、副産物でありながら、やはり「中華世界」というものにすごく意識が向かっていたということが、その後の著作からも分かってくる。先生は中国研究がもちろんメインですが、香港や台湾についてもかなり色々な調査、研究を行っていて、将来的に華僑も含めた中華世界がどういうふうになっていくのかを追究されていたのだな、と選集の編集をしながら感じました。しかも早くから、極めて大胆なことを言っておられる。1970年代半ばの時点で、1つの試論として「台湾共和国」とか「中華連邦共和国」という概念を打ち出し、将来の中華世界像を描いていらっしゃいます。そういうところが、知的なバイタリティに溢れた先生のすごいところだな、ということを改めて感じ取った次第です。

渡邊：私は第6巻の『国際関係論と地域研究』を担当させて頂きました。このタイトルを付けるに当たって、「国際関係論としての地域研究」か「地域研究としての国際関係論」かなど、勝又さんをはじめ編集委員の間で細かい点まで含めて、ずいぶん議論したのを覚えています。先生は社会科学としての国際関係論の普及に尽力しましたが、先生の主要なフィールドは地域研究でした。そこで私は「地域研究としての国際関係論」が適切なタイトルではないかと思い、英文ではそうしました。最終的に「国際関係論」と「地域研究」をどこで

どう繋げるかという問題でした。この巻がまさに中嶋先生の業績の理論的な分野であり、原論的なものなので、皆、少しこだわった次第です。

　一言で言えば、先生はリアリストでした。それも先ほど申し上げましたように、人間観察に根差したリアリストであったと思っております。例えば、ちょうど私が学生時代、毛沢東が亡くなった時に授業に出ていましたら、人民日報の一面の枠が黒く塗りつぶされている、と先生がおっしゃる。そして、こうこうこういう人が毛沢東の後継者になりそうだと解説する。事実、その通りになるわけですが、先生は権力欲なり個人的な性格なり、人間の原点に返ったような地点から観察し、語り始める。そういう意味でのリアリストではなかったかと思うのです。

　今回、新たに著作選集をつくるのに選んだ論文を読んでおりますと、気づいたことがもう一つありました、先生は私の学生時代に「国際関係」と言いながら「地域研究」と言い始めます。東京外語大が大学院に地域研究科をつくった時、井尻さんが1期生で、私が2期生でした。その最初の段階で「地域研究とは何か」ということを先生方も学生と一緒に皆で考えたのですが、先生は「文化の重要性」をものすごく強調された。文化研究というとリベラリズムの側面が強いのですけれども、先生の中では「国際関係論のリアリズム」につながっている。そういう文化研究のリアリズムとは何なのか、ということを今回改めて考えました。これはゼミ生は皆知っているわけですが、先生が国際関係論の教科書代わりの必読書として挙げていたE・レーデラーの『大衆の国家』やE・フロムの『人間の勝利を求めて』、H・アレントの『革命について』などは1960〜70年代によく読まれた本ですが、よく考えたら、それらに共通するのは一言で言えば、人間解放といいますか、人間の自由というものだと思います。先生のリアリズムは、こうした時代背景なり、人間の自由や解放を求めるような方向で現実を分析したのではないかと感じました。

勝又：私もそう思います。中嶋嶺雄は、従来の「国際関係論」という学問がほとんどの場合、国家対国家、政府対政府というマクロの関係で議論されているが、実はそうではなくて地域研究をもっと重視しなくてはいけない、それぞれの地域の歴史や風土、文化、宗教をよく調べ、そこに住んでいる人たちが何を

求めているか、何を人生の生きがいと考えているのか、他の隣接する地域、あるいはさらに国際的な交流として何を求めているのか、ということを踏まえないと、本当の国際関係論にならないのだ、というスタンスを基本にしていたと思います。ですから私は最初から「国際関係論と地域研究」を単純に and でつなぐのではなく、"Area Studies as International Relations" とすべきだと主張し、渡邊さんたちにも納得してもらった経緯があります。

　そこで次に私が編集した第 7 巻『大学教育革命』に移ります。第 1 巻から第 6 巻までで分かる通り、中嶋先生は確かに学者として一流であった。と同時に、教育者としても一流であり、大学経営者としても一流であったという、極めて珍しい人です。その教育者としての側面、大学経営者としての側面を整理してまとめたのが第 7 巻です。タイトルにあえて「革命」と付けたのは、彼の成し遂げたことは単に「改革」とか「改善」とか「改良」とかではない、ということを強調したかったためです。

　中嶋先生は、我々のゼミ誌「歴史と未来」の創刊号で「諸君、共に知的怠惰に陥らず、理想に向かって突き進もう。挫折と傷心は、知的生産者にとって自己の存在証明なのだ。これに反し、官僚もしくは官許知識人は決して傷つかないものなのだ」という熱いメッセージを学生に与えています。あれほど冷静なリアリストと見られる中嶋嶺雄の原点は、実は大変な理想主義です。そこで私の解説では「理想主義を目指した現実主義者」と表現しました。彼は大学教育論について 5 冊出版し、それ以外にもたくさん書いていて、新聞雑誌の頻繁なインタビューにも答えていますが、エッセンスは全部、この第 7 巻に入っていると思います。

　その教育者・中嶋が目指したのは、日本のどこにもない、理想的な大学をつくることでした。たまたま 15 年前、2001 年に秋田県から新設する県立大学の学長にどうか、と打診があった。その時、私に夜遅く、電話で「どう思うか」と聞いてきたので、即座に「絶対に断ってください」と反対しました。その理由は、国立大学である東京外国語大学の学長を 6 年やって実現出来なかったことが、地方の県立大学で出来るわけがない、これまでの国家公務員との闘いが、今度は地方公務員との闘いになるわけで、100 パーセント失敗して、野垂れ死にすることが目に見えていますよ、先生が晩年をそんな形で傷つき、

汚すのは見たくないです、と強く反対したのです。すると「確かに君の言う通りだね。断るよ」と言って電話を切ったので、「これで私も遠い秋田に一緒に行かなくて済む」と安心していたら、2週間後にまた夜中に電話があって「秋田の話を受けた」と言われたので、仰天しました。その2週間の間に県知事が密かに5回も自宅を訪ねて来て、知事がその夜「県が金を出すけれども県立大学にしなくていい、公設民営の私立型の大学にしていい」とまで断言したので、断れなくなった、と言うのです。そして「だから君、頼むね」です。そこで私もやむなく恩師と一緒に秋田に行くことを即決した次第です。

そもそも国公立大学の学長は人事権も予算配分権もほとんどなく、経営は文部省や県庁が、運営面については実態として教授会がほとんどすべてを決めることになっています。新しい大学改革案などは役所と教授会の合意を取り付けるのが大変で、特に人事や予算、組織改編を伴う改革ほど教授会の合意を取り付けるのが極めて困難です。それを突破して、どういう教育内容、どういう教員人事、どういう施設を整備していくかを、秋田の新しい大学では、ゼロからつくっていったわけです。その成果が国際教養大学であり、詳しくはぜひ、この第7巻を読んでいただきたいと思っています。

さて最後の第8巻の『教養と人生』です。先ほど申し上げたように、次男の聖雄さんが大変見事にまとめてくれました。他の巻とダブる部分は削り、素晴らしい出来になっています。この巻で、先生のエッセイストとしての力が分かるし、さらに先生の人生にとって音楽と絵画を中心にした文化の重要性がよく分かります。それに中嶋先生の父親が俳人、俳句を作っていたのですけども、そういう感受性が満載されている。さらに地域研究の副産物として、世界中のほとんどの国を旅している。アフリカと南米までは行っていないが、ヨーロッパとアメリカとアジア、オーストラリアはほぼ全部旅して回っている。その旅先で、ちょっとした仕事の合間にスケッチしたり、美味しいものを食べに行ったり、美術館やコンサートに行ったりしている。彼の紀行文、旅のエッセイ集には、そういう心の余裕というものが非常によく表れていると思います。

ですから、私が先生の人間像を総括すれば、彼こそ「偉大な国際教養人」であった、と言えると思います。そういう人間の生き方を考えさせるという意味で、若い人にもぜひ読んでもらいたいし、私たち自身が高齢者になっても、こ

ういう生き方を鑑(かがみ)とすべきだなとも思う。そういう著作選集になっていると思います。

——ということで、今まで編集してくれた人たちの実感をそれぞれ聞いたのですけども、ここで次に、選集を編集しながら中嶋嶺雄の 76 年の人生を振り返ってみて、我々はそこから何を学ぶべきか、それから何を後世に伝えたら良いかということについて、自由に話してください。では、濱本さんから。

濱本：そうですね。中嶋先生には確かに、中国を中心とした東アジアの研究者としての顔、大学教員時代の教育者としての顔、晩年の大学経営者、私が今勤めている秋田市の国際教養大学を極めてユニークな大学として全国レベルに育て上げた大学経営者としての 3 つの顔があると思います。

その中でも私が最も大きく学んだことは、やはり東京外国語大学時代に学生として、演習ゼミで中国を研究するに当たっての実証主義ですね。既存の公開情報を丹念に狩猟し、隠された事実、実態を再現していくという実証主義的な分析の手法を最大限、学ばせて頂きました。もう一つは、研究者として大学の中にただ閉じこもっているだけではだめであり、社会に出て自分の研究をいかに還元するかが大事だという発想です。アカデミズムとジャーナリズムの相互交流ということを終生、先生は心がけておられたと思いますし、私自身もそれを先生から学んで新聞記者になった経緯があります。

先生が亡くなられた直後に、ゼミ生を中心にした追悼集として、皆様もお持ちだと思いますが、新書版で『素顔の中嶋嶺雄』（桜美林北東アジア総合研究所刊）を出版しました。その中でも出て来るのですが、先生は研究者として最期まで巨大な中国と格闘された。中国の政治・経済体制は実証主義で厳しく批判し続けたけれど、個々の中国人に対しては実に温かいまなざしを持っておられた。毎年正月二日に東京・常盤台の自宅を開放し、東京外大に来ている中国人留学生らを多数招待して日本の文化・習慣を紹介しておられた。研究者にはその二つの目・態度が重要なのだということを、先生の言動を通して教えてもらいました。

ジャーナリスト時代はずっと、師弟関係でしたが、2012 年に先生のご縁で国際教養大学の教員になり、これでようやく先生と対等とまではいかないけれ

ど、中国研究に関しては先生とざっくばらんに話すことが出来るようになったなと思っていたら、先生が逝かれてしまった。本当に残念で悔しいです。

　先生の中国観にはもう一つ大事なポイントがあります。それは中国だけを見つめるのではなくて、常に中国を外からの目で見つめようとされた。時にはアメリカであり、時にはソ連・ロシアであり、ヨーロッパであり、東南アジア、台湾だった。常に周辺諸国・地域の目で中国を相対化する作業を心掛けておられた。それが中嶋嶺雄式の独自の中国像を形成していったのではないでしょうか。今回、皆で編集作業を行った時に、「学者としての中嶋嶺雄」を扱う時にどの論文、著作を取り上げるべきかを議論していると、先生の人生で40代から50代初めぐらいまでの比較的若い時の作品が中心になった。やはり、そのころのものが今読んでも非常に学ぶところが多い、という感じがします。

名越：中嶋先生から学ぶべきことは色々多いのですけれども、たとえば日本外交への提言で意外な視点が多かった。まず日中関係では、中嶋先生が言うように、1972年の日中国交正常化の時から問題が多かったですね。正常化後の官民挙げての中国ラッシュや手放しの「日中友好万歳」を先生は冷ややかに見ていて、日本政府の「贖罪外交」「位負け外交」に警告を発していました。その後、90年代に入り、中国は反日教育に着手し、今日、反日デモや尖閣問題など、日中友好時代には想像もできないような状況になっています。外務省を含め日本社会が中国の本質を見誤っており、先生の危惧が的中した感じです。

　それから、ロシア外交もそうですね。中嶋先生はゴルバチョフが1985年に登場した時から、ペレストロイカを本物とみなし、日本も早期に動いて平和条約を締結すべきだと主張していました。先生の主張は1956年の日ソ共同宣言を基礎に、日本も妥協的に動いて早期に決着すべきで、領土買い取りとか面積折半とかいろいろな解決策があると言っていました。むしろ、ロシアとの平和条約問題はそれほど重要な問題ではなく、妥協して早急に決着させるべきだ。それ以上に、冷戦後にグローバル化の大波が来るので、日本はそれに集中すべきだとも言っていました。グローバル化の先頭に立つべき大学が左翼守旧派の教授だらけなことを強く危惧していました。しかし、日本の外務省幹部は中嶋さんを「2島返還論者だ」とか「敗北主義だ」と公然と批判していました。ソ

連・ロシアの学者で、あのころ一気に平和条約交渉を推進すべきだと唱える学者はいなかった。ソ連崩壊、冷戦終結で、山が動いたのに、日本外交は動きませんでした。安倍首相は今になってプーチン大統領と交渉を重ねていますが、ロシア自体が愛国主義や大国主義に変質してしまっており、案の定、北方領土問題は動いていません。

　外交はタイミングがすべてで、日本外交は千載一遇のチャンスを座視して逃すだけだった。中嶋先生は生前、日本政府があのとき、自分の言ったように交渉していれば、今頃は平和条約が結ばれ、国後を含めて3島は戻っていただろうと言っていましたが、日本外交が対露、対ソ外交で失敗したのは明らかです。日本外務省は経済協力や儀典などは完璧にできるが、領土問題、歴史認識、拉致問題など難度が高くなるとお手上げです。こうした日本外交批判は、今回の8巻本では十分収録できなかった。引き続き中嶋嶺雄研究で取り上げるべきテーマだと思います。

曽根：先ほど先生が多くの国に行かれたというお話がありましたが、先生は色々な国に行かれて、観光したり政財界の方々と会うだけではなくて、ご自身で実際に町の中を自由に歩いてそこに住んでいる生活者の視点で見ようと心掛けていた、と私は感じています。中国に行っても、普通の人では泊まらないような、招待所のような所に泊まるようにしているというようなことも、あるところで書かれています。ご家族で香港に住まれていた時に、お子さんたちに汚い格好をさせて九龍城の中にも行かれています。九龍城というのは、今はなくなっていますが、そこに入ったら二度と出て来れないような「悪の巣窟」といった所です。そのような場所に、子供連れの貧民を装って現地視察をした、という話を読んだことがあります。

　こうした生活者の目線で特定の地域を理解するという姿勢は、すごく重要だと思うのですね。ちょうど2年前、香港で雨傘革命という大きな反政府の抗議行動が起きましたけども、あの時の構図というのは、中国政府の定めた香港の行政長官選挙をめぐり、学生を中心とした若年層と比較的所得の低い人たちが、中国と近い関係にある香港政府および財界に抗議するというものでした。私も長く香港に居て、実は私の妻も香港人なので、自分も香港の生活者の一人

であるつもりでいたのですが、あのような事態が起こるとは、正直なところ予測は出来ませんでした。

　ところが、先生の選集を編集している中で見つけた 1990 年代初めの論説の中に、次のようなことが書かれているのですね。「今、香港には二つの潮流がある」、一つは「中国とあまり事を荒立てるのは結局は損であり、むしろ現在の北京政権と協調することによって香港の未来を切り開こうとする人たち」が存在し、中国と一体化して香港の将来を考えていこうとする「主として香港の地場の財閥あるいは大企業の経営者に見られる潮流」。一方で、「主として知識人や学生、市民を中心に香港人としてのアイデンティティを強め、自らの主体性を確保しようとする人々」によって担われた「香港人の政治的発言権を求める方向に進もうとする潮流」がある、と。

　1990 年代初めの段階でここまできちんと見通していたということに、私は大変な衝撃を受けました。90 年代の前に香港に駐在して、返還前の香港の動向や中国経済との一体化などを現地でフォローしていたのですけども、この選集を編集した時に、ようやく自分はこの前者の潮流の中しか見ていなかったな、この中にどっぷり漬かっていたのだな、と分かりました。そこで生活をしていれば生活者の視点があるというわけではなくて、やっぱり意識して見なくてはいけないところもあるのだな、と。

　そういったところは、これから中嶋先生を見習っていきたいと思います。これは香港や中国に限った話ではありません。今年はアメリカやイギリスでも想定外のことが起きていますが、何故それらの事を我々は予見できなかったのだろうかという点については、やはり中嶋先生のような「生活者の視点」というのが欠けていた部分があるのではないかなと感じます。中国研究だけではなく、地域研究を志す者全てがそういった一つの知的な謙虚さというものを自覚しなければいけない、ということを学ばせて頂きました。

渡邊：後世に伝えるものということで、一つはまず個人的な立場から申し上げます。私は 1995 年に京都外国語大学から母校の東京外国語大学に戻されました。ちょうど中嶋先生が学長になられた年です。それから、6 年の間、私は学長のそばで大学の運営、経営に様々な形で関わってきました。そこで、勝又さ

んがおっしゃられたように、かなり成功された時もありますけど、かなり悔しい思いをすることも多かった。その時に先生がよく言われていたのは「渡邊君、考えを変える必要はない。きっといつかみんな分かってくれるのだ」ということでした。先生は何を成すにも「長期的に広く物を見る」ということを結局言われていたのではないかなと思います。

それで先ほど、私は文化の話をちょっとしましたけれど、先生の思想や生き方の背景にいつもあったのは人間社会と国際社会の本質といいますか、それぞれの社会あるいは人間関係の中にある特有の価値観というものを先生は常に意識されていたのではないかと思います。それで地域研究、地域文化というものに非常にこだわれたのではないかと思います。

だからどんなに腹立たしいことがあって怒っていても、最後には「まあ、いいじゃないか」というふうになりましてね。自分と考えの異なる人たちに対しても優しいのですね。それが長期的かつ広い視野を持つということとも結びついてくるのではないかなと思っております。

それからもう一つ、そういう意味では、私はフランス語をやっておりますので、先生の親しい方でフランス人の有名な学者、クロード・カダール先生という方がいらっしゃいます。電話をすると必ず留守番電話になっているので、不在かなと思うと、留守番電話の時は必ずいるのだから、名前を言え、そうすると、必ず出るから、と中嶋先生に教えられました。そういう古典的なフランス人らしい方です。あるとき先生がフランスに来られましてね。カダール先生の奥様の父君である彭述之さん、亡命華人として有名な方ですが、その方が亡くなって追悼式をおやりになった。先生はフランス語で追悼の言葉を述べられました。このような点は先生の人間に対する優しさというものをよく示しているのではないかと思います。

勝又：たった今、中嶋先生の次男の聖雄さんが到着しました。私が先ほど、あなたの代わりに簡単に第8巻の解説をしたのだけれども、本人からぜひ、第8巻の編集と解説の執筆に当たって苦労したところを話してくれませんか。

中嶋：はい。皆さまもご存じのように、父は、音楽や水彩画が好きでしたし、

登山に夢中になったり、海外渡航も多かったので、それら多様な活動の軌跡を『教養と人生』という一つの巻にまとめるためには、取捨選択という意味で、かなり苦労しました。「研究者」としての中嶋嶺雄については、第 1 巻から第 7 巻まで、テーマ別に大変詳しくまとめられているので、そちらを見ていただくとして、私の担当する第 8 巻は、研究や大学改革への思いなどの根底にある、父の教養や人生観がどこから来ているのか、を明確にできるような構成を考えました。

「解説」を書きましたので詳しくはそちらを読んでいただきたいですが、例えば、中国の文化大革命について論じる時に、父の専門は国際関係・政治学なので、社会学者・文化人類学者がするように、現地に行って、ある地域に長期間住み込んで行うような社会調査をするわけではありませんでした。ただ、たとえ短期の渡航であっても、現地を自分の足で歩き、そこの食べ物を食べ、実際にそこで生活している人々と交流するということをとても大切にしていました。それは、公式に発表された文字資料やメディアの情報を、自分で体験した現実の社会状況と照らし合わせて読み解いていくという心掛けだと思うのですが、そういった意味で父は、非常に鋭い社会学者的な臭覚というものをもっていたと思います。

父の人生の最晩年でもそうであって、たまたま 2011 年に私が北京に調査旅行していた時に、国際教養大学関連の留学イベントで父が北京に来て、公的なスケジュールの合間に、時間をとって、私と一緒に北京をぶらついて、街の食堂に入って、そこの店員といろいろと話したりしていました。この時のエピソードについても、第 8 巻の「解説」に詳しく書きました。その他、例えば、父の両親は、私の祖父母になりますが、二人とも 30 年以上、毎日ずっと日記をつけていたというエピソードが紹介されています。多忙ながら、人生の最後まで、精力的に執筆を続けていたこと、また、メモを取ることへの執着とか、活字に残して社会に発信していくことへの強い執着・責任感などは、親譲りのものだったと思います。

あともう一点、晩年は、どちらかというと国際教養大学の学長のイメージが強かったと思いますけれど、皆さまもご存じのように、東京外国語大学でも学長を経験しておりまして、私も覚えているのですが、北区から多磨にキャンパ

ス移転が決まった時に、調布の飛行場跡地に毎週末、自分で車を運転して、現地を視察していたのを覚えています。私たち家族も、何回か同行した覚えがあります。その時、いつも、「開かれたキャンパスを作りたい」と夢を語っていました。それはもちろん、塀や柵でキャンパスを閉ざさない、地域へ開かれた大学という物理的な意味もあるのですが、より重要なことは、学問的にも社会的にも開かれた大学を作りたい、という強い思いだったと思います。また、木がたくさんあって、緑にあふれ、建物にも木材をふんだんに使うキャンパスを作りたいと言っていたのですが、そのような思いは、政治心情としてのエコロジストではない、子供のころからごく自然に身に付けた「自然への尊敬」とかそういうものから来ていたのかな、という気がします。つまり松本で山登りをして、釣りをして、キャンプをした、というような少年時代の経験から自然と身に付けたエコロジスト的な感性を、父は持っていたのではないでしょうか。まとめますと、それぞれの巻で展開されている研究のベースとなった知識や感性がどのように培われてきたか、という点がこの巻で少しでも明らかになっているのであれば、うれしいです。

　最後に一言だけ言わせてください。父の研究の源泉がどこにあるのか、ということで言えば、ここに集まってくださった皆さまとの出会いと交流が、父の研究にも人生にも大きな影響を与えているということです。父が亡くなってしまったことは大変悲しいのですが、「これで終わりました、ありがとうございました」ではなくて、父が亡くなってしまったからこそ、私もここにお集まりの皆さまとこれから交流する機会をもっともっと持ちたいと思いますし、また、父の死を契機に新しい人の繋がりが広がっていくのであれば、私も大変光栄ですし、父もすごく喜ぶと思います。

濱本：聖雄さん、先ほど勝又さんにも紹介して頂きましたけど、著作選集は全部で8巻あります。それから119冊の書籍があるのですけど、それ以外に文章が5000点ぐらいあります、中嶋先生は非常に小まめな方で、自宅の方に、初期から晩年まで全部綺麗にスクラップ・ファイルを作っている。これは驚愕なのですけど、それらをゼミOBの一人・伴武澄氏ともう一人、秋田の郷土歴史家の伊藤寛隆先生の手で、PDFのデジタル化の作業が進められています。

(一部完成済み、URL は http://www.nakajimaworks.com/)

　インターネットは便利でして、先生がラジオやテレビに出演した音声や画像、これらは版権問題があるので交渉しなければなりませんが、引き続きアップロードしていくことが可能です。それから先生自身がキューバを訪問した際、あるいは文化大革命中の中国を訪れた際に撮影した写真も全部残っており、これらを全部デジタル化した「中嶋嶺雄デジタルアーカイブス」（仮称）ができます。洋子奥様にも協力頂いています。このデジタルアーカイブスの館長には、聖雄さんに就任いただきたいと思っていますので、よろしくお願い致します。

勝又：中嶋嶺雄ゼミは、1966 年に卒業した人たちが第 1 期生になります。この 1 期生として 5 人の OB がいるのですが、その一人、堀憲昭さんが遠く長崎からこの会場に駆けつけてくれています。それ以降、先生が学長になる 1995 年までゼミがありました。学長になると、もう授業を持つこともないし、演習や卒論のゼミを持てないわけです。それを先生は「学長になってからの最大の辛い思いだ」ということを雑誌類にも書いて強調しています。そこで 1966 年度から 94 年度までのゼミ生は全部で 270 人くらいになります。そのうち今日、ここに 30 人ぐらいが来てくれています。ちょっと紹介したいので、ゼミの会員の方たち、立ってくれますか。……はい、どうもありがとうございます。

　それで、最後に申し上げておきたいことは、この中嶋嶺雄著作選集は実は初版として 800 部刷っています。今のところ、300 部から 400 部ぐらい売れているということで、私たちとしては、これから徐々に売り上げを伸ばしていくことを期待しています。幸いなことに全国図書館協議会がこの著作選集の最初の数巻を優良推薦図書にしています。それで、いずれ全国の主要な図書館には入ってくると思うのですが、是非皆さん、今日いらっしゃる方の中でも、もし全巻セットをまだ申し込んでいない方がいらっしゃったら、出版元の代表である川西重忠さんのところに申し込んでほしいと思います。川西さん、立ってくれますか。……桜美林大学の北東アジア総合研究所の代表、川西さんです。彼のおかげで全 8 巻を出すことが出来ました。本当にありがとうございます。

実は3年前、私たちがこの選集案を企画した時に、いくつかの出版社に当たったのですが、皆、「今時、全8巻なんてとても出せっこありません」と断わられたのですね。「1巻なら出せる」とか「3巻までなら引き受ける」とか言われたのですが、私としては「それでは彼の多彩な業績が全然反映されない。全8巻は絶対に譲れない」と頑張ったのですけど、それを受け入れてくれる出版社が見つからなくて、正直、幻に終わってしまうのか、と途方に暮れていたのです。その時、渡邊啓貴さんに川西さんを紹介して頂いて、いろいろと話を詰めた結果、桜美林大北東アジア総合研究所が出してくれることになって、本当に嬉しかったです。
　特に桜美林大学の佐藤東洋二理事長が、中嶋先生と古くから親しく、中嶋先生が八王子の大学セミナーハウス理事長を辞める時にも、信頼する佐藤さんに引き継いだといういきさつがあり、佐藤理事長が全8巻もの出版を許可して頂いた結果、実現したわけです。
　冷静に考えてみても、出版社としては、今の世の中ではいくら良質のものであっても全8巻という大部の選集ではなかなか売れることは想定しにくい。大変リスクの高い、ハードルの高い出版であり、当面、赤字覚悟でやるしかないという決断が必要です。その度量に応えるべく、私たち編集委員としても、編集料、解説執筆料などは一切要求しないで、全部ボランティアでやってきました。それにしても仲間の皆さんがよくここまでついてきてくれた、というのが私自身の実感であり、今回の編集委員会の代表として、仲間を代表して、あえて言いたいことです。本当に皆さん、ありがとうございました。では、これで座談会を終わります。

あとがき

(財) アジア・ユーラシア総合研究所所長、代表理事　川西 重忠

　中嶋嶺雄研究会の第一回公開フォーラムをこのようにブックレットの形で出版できたことは、「中嶋ゼミ」との連携活動の賜物であり、誠に慶賀に堪えない。

　「中嶋ゼミ」との交流は、「アジア・ユーラシア総合研究所」の前身「桜美林大学北東アジア総合研究所」での『中嶋嶺雄著作選集』（全8巻）の出版に始まる。

　中嶋嶺雄研究会は、代表である勝又美智雄氏が「まえがきに代えて」に書いている通り、『中嶋嶺雄著作選集』が完結されたのを機に、中嶋嶺雄ゼミ生によって設立された時限的な任意の会である。中嶋嶺雄の残した研究業績、教育実績、中嶋その人を研究対象として、中嶋の求め続けたものを検証し、併せて後世に顕彰することを目的として2017年6月に発足された。

　既に3回の公開フォーラムが桜美林大学千駄ヶ谷キャンパスで、中嶋嶺雄ゆかりの人と中嶋ゼミ生が中心になって開催されている。

　公開フォーラムは毎回70名から100名の出席者で大変な盛会である。

　中嶋嶺雄が亡くなって5年、『中嶋嶺雄著作選集』（全8巻）完結から1年、中嶋嶺雄研究会の活動は反響も大きく、今や社会的にも立派な成果を上げつつある。

　『中嶋嶺雄著作選集』発行の発端は、私が2012年にモスクワ大学でサバティカル研修中に中嶋ゼミの渡邊啓貴氏（東京外大教授）とお会いし、帰国後に概要をお聞きした時に始まる。「私の研究所で発行させてほしい」とお伝えした。

　引き受けたのは桜美林大学の佐藤東洋士総長と中嶋嶺雄氏が懇意であったこと、前年に『竹内実中国論集』（全3巻）の経験があったこと、私自身が中国

研究者の一人として中嶋嶺雄氏に何度かお会いし、身近に感じていたからでもある。

　全8巻の『中嶋嶺雄著作選集』（全8巻）刊行プロジェクトを通じて分かってきた中嶋嶺雄の人物像の規模は、私の予想をはるかに超えていた。
　1　学者として、教育者として、組織人として皆一流であり、実行力を併せ持ち、
　2、人脈面では、ドナルド・キーン氏、李登輝総統から粕谷一希氏まで内外の有力者と多岐に渡り、
　3、後世に残したものは多く、優秀な中嶋ゼミ生、膨大な著作、国際教養大学、等である。
　あの司馬遼太郎をして、「21世紀には中嶋さんのような人があと2人は必要な世紀だと思います」と言わしめた余人の追随を許さない奥行きの深さと広がりを持つ多面的な稀有な巨人であった。
　引き続き中嶋嶺雄研究会の活動には公私に協力してゆきたいと考えている。

　中嶋ゼミの代表で中嶋嶺雄研究会会長の勝又美智雄氏は、キリストにおけるパウロ、孔子における顔回か子路のような役割の人に当たろう。恩師中嶋嶺雄の精神をよく継承して中嶋ゼミと中嶋研究会を取りまとめ、労をいとわない姿は今回発行の公開フォーラム第1回の内容にもよく表われている。例えば、本書第2部の完結出版記念会の座談記録は、私の学部ゼミの女子学生が記録起こしをしたものであり、素人同然の出来であったのを承知でそのままお送りしたのであるが、私に苦情を言うでもなく見事なまでにその場を彷彿させる文章になって出来上がっているのに大変恐縮した。いつもながら仕上がりがきれいで仕事が速い。今回の出版が順調に運んだのも、会長の勝又氏と副会長の伊藤努氏の見事な連係プレーによるところが大きい。

　思えば、中嶋嶺雄先生は立派な門下生を多く育てられた。これも師が立派だからである。師が有名で立派であれば門下生は結束する。また門下生の活躍は師の顕彰にさらに拍車がかかる。

中嶋嶺雄は、全身全霊をもって自己に与えられた使命（ミッション）に献身し、大きな目標に向かって計画的、組織的、継続的に驀進した人であった。それだけに人の胸を打つのである。
　中嶋嶺雄の生き方に現代の私たち日本人が学び、受け取ることも多くあると思う。中嶋嶺雄の本質は直門の勝又美智雄氏が言われるように「理想主義を目指した現実主義者」という見方ももちろんできるであろうが、私には「現実主義に根ざした理想主義者」であったように思われてならない。

　今回の「グローバル人材その育成と教育革命 ——日本の大学を変えた中嶋嶺雄の理念と情熱」は小著ではあるが、このようなタイトルの本では、格調の高さと登場人物の多彩さ、核心をついた具体的な意見が満載で、中嶋嶺雄一門の面目躍如とした内容になっている。いわば中嶋ゼミのエッセンスといってよい。読書離れが急速に進む今日、本書は「真の実学の勧め」、「現代人の為の教養の勧め」、「グローバル人生の勧め」といってもよい内容となっている。
　本書を一人でも多くの学生、社会人に読んでいただきたい。

【編集後記】

　◇東京外国語大学で中嶋嶺雄先生の国際関係論ゼミで卒論指導などを受けた学生ら教え子がメンバーとなっている「中嶋ゼミの会」を母体とした「中嶋嶺雄研究会」が発足したのが、急逝された先生の3周忌を終えた後の2017年6月だった。その直前に、「中嶋ゼミの会」の有志が中心となって企画・編集した『中嶋嶺雄著作選集』全8巻が桜美林大学・北東アジア総合研究所の全面的な支援を仰いで刊行にこぎ着けたのを受けて、この大仕事に満足せず、引き続き、中嶋ゼミの門下生として、恩師の学問的業績などを継承していく場として新たに立ち上げたのが先生の名前を冠した研究会だった。

　◇中嶋嶺雄研究会では、長年にわたり先生の右腕的存在でもあった中嶋ゼミ草創期のOB、勝又美智雄氏（1972年・英米語学科卒）が会長となり、タイムリーなテーマで公開フォーラムを継続的に開催することなどを決めた。2017年11月の第1回フォーラムを皮切りにこれまで3回のフォーラムを開いてきた。幸いなことに、「グローバル人材の育成と大学教育改革」をテーマとした第1回フォーラムをはじめ、2回目の「緊迫する朝鮮半島情勢と習近平・中国の行方」、3回目の「一帯一路と中央アジア－ユーラシアの地政学」のいずれも中身の濃い討論が交わされ、高い評価をいただくことができた。

　◇さて、研究会の主たる活動である公開フォーラムの成功に味をしめ、登壇者による貴重な報告やその後の興味深い討論の内容をその場限りにしておくのはもったいないと、一冊の本にして関心ある方々にも読んでいただこうということになった次第だ。今回は第1回フォーラムでのグローバル人材育成をめぐる報告・討論を中心に据え、中嶋嶺雄研究会を広く紹介する意味合いを込めて、著作選集完結記念シンポジウムでの各巻担当の編集委員の座談会を収録することとした。ご一読していただければ、学者、教育者、大学人、そして偉大な教養人でもあった中嶋先生の業績や足跡の一端が見えてくるのではないか。

　◇恩師亡き後の大部な著作選集の刊行に続き、中嶋嶺雄研究会の立ち上げ・活動で文字通りの牽引役となってきた勝又先輩には、この場を借りて感謝申し上げたい。また、公開フォーラムの開催と時宜にかなった書籍化の継続など、この稀有な研究会の活動があとしばらく順調に続くよう、研究会事務局をはじ

め、「中嶋ゼミの会」の有志の方々にもご支援を仰ぎたい。本書の出版に際しては、『中嶋嶺雄著作選集』全8巻、新書版『素顔の中嶋嶺雄（追想録）』でも全面的な協力を頂戴した桜美林大学アジア・ユーラシア総合研究所（前北東アジア総合研究所）の川西重忠所長をはじめとする同大関係者各位に深甚な謝意を表したい。　　　　　　　　　　　　　　　　　　　　　　　　（伊藤）

グローバル人材 その育成と教育革命
──日本の大学を変えた中嶋嶺雄の理念と情熱──

2018年9月5日 初版第1刷発行

編　集　中嶋嶺雄研究会
発行者　川西　重忠
発行所　一般財団法人　アジア・ユーラシア総合研究所
　　　　〒151-0051　東京都渋谷区千駄ヶ谷1-1-12
　　　　　　　　　　桜美林大学千駄ヶ谷キャンパス 3F
　　　　Tel：03-5413-8912　　Fax：03-5413-8912
　　　　http://www.obirin.ac.jp/
　　　　E-mail：n-e-a@obirin.ac.jp
印刷所　藤原印刷株式会社

©2018 Printed in Japan　　　　　定価はカバーに表示してあります
ISBN978-4-909663-06-1　　　　　乱丁・落丁はお取り替え致します